本书为山西省高等学校哲学社会科学研究项目
"游戏学视域下的数字美学研究"结项成果
（项目编号：2023W126）

游戏美学

研究视域下的个案分析

王齐飞 / 著

九州出版社
JIUZHOUPRESS

图书在版编目（CIP）数据

游戏美学研究视域下的个案分析 / 王齐飞著. -- 北京：九州出版社，2024.4
ISBN 978-7-5225-2798-7

Ⅰ．①游… Ⅱ．①王… Ⅲ．①电子游戏－美学－研究 Ⅳ．①G898.3

中国国家版本馆CIP数据核字(2024)第071730号

游戏美学研究视域下的个案分析

作　　者　王齐飞　著
责任编辑　李　荣
出版发行　九州出版社
地　　址　北京市西城区阜外大街甲 35 号（100037）
发行电话　(010)68992190/3/5/6
网　　址　www.jiuzhoupress.com
印　　刷　永清县晔盛亚胶印有限公司
开　　本　880 毫米 ×1230 毫米　32 开
印　　张　6.375
字　　数　151 千字
版　　次　2024 年 4 月第 1 版
印　　次　2024 年 4 月第 1 次印刷
书　　号　ISBN 978-7-5225-2798-7
定　　价　68.00 元

序

    齐飞老师的《游戏美学研究视域下的个案分析》马上就要付梓出版了，在第一时间拜读之际，也想跟大家分享一点心得体会。他自己的那篇序言里面，对研究的初心，全书的架构、精华和要点都有更深入细致的阐发。我自己在这里，也只能越俎代庖地加两句题外话。

    研究游戏的人肯定自己也喜欢游戏，有了这个体验和爱好的前提，才能谈得上进一步的反思乃至批判。在这一点上，我跟齐飞是很相似的。读他的自述，每每会露出心照不宣的会心一笑，原来天下爱游戏迷游戏的孩子都是如此的相似。好像一下子又回忆起大学里通宵在586上面打红警和星际的难忘时光。

    难忘，并非仅仅是出于快乐，也有忧虑，甚至悲伤。在我开始玩游戏的时候，它在社会大众眼中还是洪水猛兽、精神鸦片，而玩游戏的孩子也总是被贴上负面的标签。几十年过去了，电子游戏在日常生活中的地位确实发生了相当积极的改变。玩游戏的人越来越多了，不仅是孩子，连大人们也总是会忙里抽闲地在地铁和咖啡馆里面顺手玩个消消乐。但玩家人数的增加，产业规模的拓展，游玩平台的激增，在这些"加速"的趋势背后，总还是会暴露出另外一些令人忧心忡忡的趋势。电子游戏，即便已经在大众的眼中获得了日渐正面的评价，大家也愈发把玩游戏看成是生活里的一件大事、乐事甚至美事，但反观学术界和研究界，却反倒是显露出众多的矛盾和冲突。

不妨还是用"叙事学（narratology）"与"游戏学（ludology）"这个持续引发争论的焦点来说。叙事学其实并非仅关注讲故事这个方面，而是更强调一种偏向传统的立场，也即，它虽然也会肯定和赞赏电子游戏作为新生事物的特长与优势，但同时也更倾向于从传统的美学、文化和思想等范畴出发对游戏进行"归化"甚至"驯化"。游戏很厉害，没错，但它还是要多多向小说、电影和绘画学习，吸取养分的同时也能让自己获得"名正言顺"的地位。这也是为何那些设计师出身的游戏研究者都会针锋相对地捍卫"游戏学"这个立场，甚至剑走偏锋地想要从游戏里面清除掉一切跟传统搭边的东西。游戏就是游戏，游戏根本不需要做传统的附庸，它只要做自己就足够厉害了。

这个冲突一开始或许还只是局限在游戏圈子内部，但随着整个社会日渐被卷入游戏化的浪潮，纷争的热度和强度也慢慢波及到更为广泛的学术圈。持"传统主义"路数的学者，可能本来也不太想多聊游戏这种肤浅的玩意，但实在避免不了的时候就会倾向于从自己的学术背景出发进行一些"施舍"性的反思。正是因此，不同的学者都会借用自己的研究领域——文学批评、哲学批判、历史梳理、社会学原理等等——高屋建瓴、"自上而下"地对游戏进行概括、说明与界定。对于他们，游戏自身没有什么独特性，无非是再度操弄自己早已熟习的理论工具和武器的又一个跑马场而已。理论是普适的，游戏是特殊的，用普适的理论来解说特殊的案例，这似乎也是天经地义的事情。

但圈内的天经地义，对于圈外来说可能就会变成大逆不道，所以很多游戏产业的亲历者、参与者、践行者可能往往会对这些抽象理论的"宏大叙事"不屑一顾。远离游戏本身的理论是苍白无力的，根本不玩游戏的研究者也是缺乏资质的。这些质疑当然也是有理有据的，但矫枉过正的做法也会使游戏研究本身陷入另一种坐井观天、故步自封的窘境和困境之中。不妨对比当年的电影。桑塔格在《百年电影回眸》中曾哀叹迷影精神的丧失，由此深情追忆那个"电影就是一切"的黄金年代。但电影之所以能够"是一切"，也正是因为它从来没有仅仅局限在自己的小圈子里，而总是将胸怀和眼光放大到生活的方方面面，甚至世界的宏观微观。电影的发展本来就是出圈、破圈、跨圈不断拓展的运动。我觉得，如果电子游戏想要取代电影成为"未来的一切"，那也同样需要有巅峰期电影的那种气度，放出眼光，运用脑髓，大胆拿来。

但拿来不是一件简单的事情，跨圈也不是一种轻而易举的姿态。相反，它需要不同领域的专家和学者基于自己的兴趣和专长，不断交织形成横贯（transversal）的合作、对话和彼此激发。在这个方面，如齐飞这样年轻而富有才气的研究者的不断涌现，绝对是一个令人欣喜的现象。他们热爱游戏，同时也精通自己所学的专业，由此也就很容易在游戏与人文、游玩与学术之间找到全新的连接点和生长点。他们对游戏很少有成见，每每会充满兴奋和期待地迎接下一个大作的上市；他们对理论话语也极为熟悉，平日在书斋里面没少下功夫。这些年来，我自己参加了很多以年轻人为主力的研讨会和工作坊，总是充满了各种激动和感动。从他们身上，我既 get 了很多新鲜的点子，同时又坚定了自己一路向前的勇气。通过游戏，我结识了好多年轻的朋友，发展了很多忘年的交情，这真的是人生的一大乐事。

齐飞这本书里很多的点子我都耳熟能详，也是我自己多年来一直倾力推进的方向，比如体验、情感、否定性、艺术性、影游融合，乃至算法和系统等等。但他在研究中又往往能别开生面，令人感到眼前一亮。特别是他讲"爱"的那个章节很推荐大家仔细读读，即便你不赞同，也肯定会生发出很多不同的感想和启悟。作为一个美学专业出身的学者，齐飞不仅对艺术之美、生活之美等有着深刻的体验和思考，更能够在写作行文之中展现出一种独有的美感。读他的文字是一件很畅快的事情，就像是跟他一起攀谈畅饮。

最近这段时间，我要撰写相关的论文，又把 Janet Murray、Brenda Laurel，甚至 Chris Crawford 等人的早年经典拿来反复研究，心中便又升腾起一种难以抑制的激奋之情。在电子游戏的产业和研究尚且筚路蓝缕之际，这些先行者们却已经用惊人的毅力和才华一次次将这个儿童的玩具带向艺术和思想的巅峰。中国的游戏发展或许也正处于这样一个极速的上升期、蓬勃旺盛的生长期，在这个阶段，有无数的方向有待开拓，有无穷的力量有待激活。我自己作为一个人到中年的"传统主义者"，也希望能有机会向年轻人学习，一起聊游戏玩游戏，不亦快哉。衷心期待齐飞老师以这部著作为起点，脚踏实地，坚定前行，成为中国游戏研究中的一颗未来新星。

是为序。

姜宇辉

2024 年 2 月 26 日 于上海金桥家中

自　序

在一本专著的开头，我们总喜欢谈一谈这本书写作的目的、写作的内容以及研究的对象，这些当然要讲，但在自序中，我想先说一说我与游戏的经历。

回想起关于电子游戏的事情，首先映入脑海的是"小霸王"上的《魂斗罗》《超级玛丽》和《坦克大战》，是充满刺鼻烟味和激情呐喊的游戏厅，是 OICQ、《仙剑奇侠传》和《拳皇》。伴随着那个还在租 VCD 和漫画书的年代，"游戏"在我幼小的心灵中留下了深刻的印记。在哪年玩了哪款游戏，也许细节已经模糊不清，可一旦提起，那些游戏的画面便逐渐浮现在了脑海中。

后来，我从县城来到了省会。由于当时的学校里有电子计算机室（后来基本成了游戏室），我有了更多机会来接触电脑和电子游戏，虽然"386""486"等电脑的性能和现在没法相提并论，但《大富翁》《大航海时代》等游戏也足以满足作为孩子的我们对于电子游戏的好奇。那时互联网慢慢进入了人们的生活，网络游戏应运而生并逐渐铺开。还记得在较早的网页游戏《江湖》里，玩家单纯通过文字的叙述来想象并脑补被飞镖和毒药击中的画面，现象级网游《传奇》火爆全国，《石器时代》吸引了众多玩家……这些游戏我都接触过，但正经开始下大气力玩的游戏还是《魔力宝贝》。还记得在"非典"时期，上完"电视课堂"之后，最开心的莫过于和几个小伙伴一起打篮球，然后回去登陆《魔力宝贝》游戏界捉宠物、打野怪，练剑士的"连击"技能。

懵懵懂懂的初中很快就过去了，篮球和游戏成为我那几年的主要娱乐活动。而在升高中之前的那个暑假，我来到北京，接触到了一款陪伴我长达十余年的网络游戏——《魔兽世界》。当时是一个先前来北京上学的发小向我介绍这款游戏的，在那之前我当然玩过《魔兽争霸》，这次没有太过深究就开始体验。很快，游戏中宏大的场面、丰富的任务、多样的职业和各具特色的副本让我沉浸其中，于是《魔兽世界》就成了陪伴我"游戏生涯"最久的一款游戏，后来阅读的书籍《魔兽：上古之战三部曲》(《永恒之井》《恶魔之魂》《天崩地裂》)《魔兽世界编年史》，以及很久之后观看的电影《魔兽》也都与之相关。高中，和那时候很多男孩一样，我的生活在学习、游戏以及躲避父母对我的游戏行为的"抵制"中度过。那个时候，我国电子游戏发展很快，但由于社会层面对这一新兴事物还缺乏系统认识，人们对游戏产生了不同程度的误解。回过头来看，这也许是社会发展的必然。

　　大学期间，我有了更多可供自己支配的时间，包括玩游戏的时间。除了《魔兽世界》中无休无止的 BT、SW 和 ICC 开荒之外，好像是想把之前没有玩过的游戏都补齐一样，我还接触了《模拟人生》《火炬之光》《使命召唤》《文明》等游戏，有些游戏至今还在玩，有些则是浅尝辄止。相较于先前体验过的有限的游戏，大学时候我了解到了更多的游戏，对于游戏世界也有了更加深刻的认识和体会。然而，回过头看，最让我印象深刻的可能不是游戏本身，而是那些一起玩游戏的伙伴。线下，生活当中的同学、朋友经常利用小聚的机会出去一起玩游戏，即便是开荒不顺或者被"整蛊"也乐在其中；线上也结识了不少志同道合的朋友，有的现在都保持着联系。从某个角度上说，成长是自我走向真正成熟的过程，但在我看来，如果在成长的过程中有人陪伴、有人见证，那应该是一件非常幸运甚至值得感恩的事情。

　　读研之后，游戏时间大幅压缩，但也接触了一些游戏作品。值得一提的是，当时我国手游市场方兴未艾，逐渐开始占据越来越多的市场份额，展现出强劲的发展潜力。除了体验《愤怒的小鸟》《神庙逃亡》这些火爆一时的游戏外，我也尝试过《部落冲突》《王者之剑》等游戏。然而，《魔兽世界》仍然是我一直玩的游戏。那个时候地狱吼副本配以大规模、有组织的金团让我一度实现了点卡自由，与此同时，卡牌类《炉石传说》也成了很多人日常休闲的一部分。但玩再多的游戏，充其量还只是一个玩家，在读研之前，我一直将电子游戏视为我的一种生活方式，现在想想，这种生活方式是非反思的，纯娱乐的。

不得不提的是一件对我游戏研究产生很大影响的事情。我的研究生专业是翻译，需要阅读一定数量的中英文文本，这深化了我一直以来对文学的兴趣，在导师的鼓励下，我也逐渐萌生了考博的想法，于是开始系统地研读相关领域的论文。一个十分偶然的机会，我在《文艺争鸣》旧刊上看到了一篇文章——《农家乐：一个当代审美文化的文本》。文章的作者阎嘉教授指出，"农家乐"为中国式的日常生活审美化和当代审美文化增添了一个独特的、值得解读的文本；同时，要把"农家乐"当作一个中国式的"日常生活审美化"的典型文本来解读和研究。① 我们知道，许多人都去过"农家乐"，也有过在里面居住和饮食的体验，在他们看来，"农家乐"仅仅是日常休闲的一种娱乐方式，对于它的独特性存在更多的是经济层面和社会层面的解读，而缺乏其他学理层面的分析，但这篇文章却另辟蹊径，将其视为一个独特的审美文化文本来进行分析。可以说这篇文章激发了我对游戏问题系统研究的兴趣：和"农家乐"有相似之处，电子游戏也是大众娱乐的一种手段和方式，人们也对电子游戏的内涵和外延习焉不察，那么我们能不能也从一个广泛的视角，如审美文化、文

---

① 阎嘉 . 农家乐：一个当代审美文化的文本 [J]. 文艺争鸣，2007（07）：136-140.

本叙事乃至生活影响等视角来对它进行分析呢？这个问题一直萦绕在我的内心，但由于知识储备不足，关于电子游戏的许多疑问一直伴随着我，这些疑问似乎也构成了我日后研究的主题来源。

再后来，我有幸读博深造，选择了自己感兴趣的中文专业，我的博士生导师正是当时给我很大启发的文章——《农家乐：一个当代审美文化的文本》的作者阎嘉教授。读博期间，除了偶尔能和同学朋友出去打打篮球，《英雄联盟》《炉石传说》和《王者荣耀》成为闲暇时主要玩的游戏。从2020年开始那个时候也正是笔者撰写博士论文最吃紧的时候，《炉石传说》成了仅存的平时放松时体验的游戏。也许是逐渐形成的一点研究意识和问题意识，加上学习过程中对于文化、艺术中许多问题的思考，相比于读研期间，我对电子游戏也有了更为深刻的认识，并开始以更加广泛的维度对电子游戏及衍生出的相关问题进行研究。幸运的是，我在读博期间结识了姜宇辉老师、邓剑老师。华东师范大学姜宇辉老师的游戏研究不仅范围广，而且有深度，这里的深度主要是指哲学思想的深度。苏州大学邓剑老师编译了论文集《探寻游戏王国里的宝藏——日本游戏批评文选》，在学界也产生了较大影响，作为澎湃新闻"游戏论"专栏的主持人，他为游戏爱好者和研究者提供了展示研究成果、分享游戏观点的平台。

本书是笔者一段时间以来对于电子游戏的体会和感悟。当下，电子游戏与日常生活之间所谓的虚实边界正在逐渐模糊，生活投射到游戏当中，游戏反过来也在影响人们对于生活的认知。在一次讲座的分享中，笔者从不同角度谈到了电子游戏作为一种生活方式以及电子游戏对于生活的影响，认为电子游戏可以改变我们对生活中许多问题的认识，并提出了一些对电子游戏与未来关系的设想。虽然囿于讲座时长，很多问题并没有谈完，但在那之后，我对其中涉及的问题做了进一步的研究，这些研究也构成了本书的主要内容。

下面笔者想谈一谈游戏美学的一些情况。本书书名中的关键词是"游戏美学"，它既是本书的研究内容，同时也是研究方法。这个选题的出发点首先是和笔者对电子游戏的爱好以及所从事的文艺美学方向的研究有关，但是除了这些主观上的要素以外，我个人认为所谓的游戏美学应该是基于两点。

第一点，应该把游戏作为一种艺术门类、艺术样态或者艺术形式来进行对待，而不是视为一种单一的娱乐手段。关于艺术的定义向来众说纷纭，这不是单独对于游戏来说，而是指向所有艺术作品。电子游戏尤其如此，其本身就融合了多种艺术门类和艺术样态，所以给电子游戏下一个特别确切的定义，或者说从艺术角度给游戏下一个确定的定义，尽管有许多学者进行了大量有益的尝试，但这看上去是很难的。不过可以确定的是，我们所有的讨论首先是建立在"游戏是艺术"这个基础上的。也许我们没有办法一下子说出来作为艺术的游戏究竟是什么？但是经过长期的探索，我想应该在这个过程中，对游戏的特点有了基本的认知，可以从特征上对其进行研究，这样就使得问题有了一个更加明确的指向：游戏有哪些特征可以使其成为艺术。

随之而来的就是第二点，既然是要探求游戏的艺术特性，我们不妨参照一下波兰学者塔塔尔凯维奇关于艺术的定义：艺术是一种有意识的人为活动，或再现事物，或是构成形式，或是表现经验，此种出乎再现、构成或表现的作品一定能够激发快感、情绪或震惊。①他认为艺术可以激发人的情感（快感、情绪或震惊），这是一个对于艺术比较宽泛和开放的定义，对于我们认识游戏帮助很大。艺术作品如果不能激发人的情感，让人看了无动于衷，内心毫无波澜的话，那它便不应该被称为艺术作品。从最直白的个人体验来说，游戏之所以吸引人，是因为游戏以其丰富的内容和沉浸感让玩家沉醉其间，激发情感应该是游戏最基本的一项"功能"，甚至可以说无论是从商业目的还是从审美目的来看，电子游戏都需要更好地激发和调动玩家的情绪，对玩家的情感起到一定的引导作用。游戏之游戏性固然有多样且自足的标准，但游戏之艺术性却显然存在一个普遍而共通的标准，那正是"情感的深度"。不能激荡情感的游戏，即便它做得再好玩、复杂和"烧脑"，也完全够不上"艺术性"这个根本标准和理想诉求。②

① [波] 瓦迪斯瓦夫·塔塔尔凯维奇.西方六大美学观念史[M].刘文潭，译.上海：上海译文出版社，2013：45.

② 姜宇辉.情感游戏、情感设计与情感操控——科学、审美与修辞之间的电子游戏[J].文艺研究，2023（10）：111-123.

正是在这两点的基础上，笔者认为需要结合美学和审美体验对电子游戏加以观照。说到美学，人们可能立刻想到其中的艰深定义和模糊领域，但最初美学的意思仅仅是感性学，既然是和感性相关的研究，就不可能不涉及情感，所谓"理性的不完善"和"理性发展的初级阶段"，现在看来当然无法作为否定情感作用的理由——感性的情感和理性的认识同样重要，感性与理性的二元论似乎成了有些过时的论调——但这确实可以帮助我们去确认和理解美学诞生之初所研究的对象。

那么，我们不妨把情感放置到游戏美学中去，以此作为研究的一个重要基点去探讨与之相关的内容。从微观层面来看，玩家参与到游戏当中会产生基本的情绪，开始时的好奇，"开荒"时的焦虑，获胜时的喜悦，被击败时的痛苦，这些情绪都是人的基本情感；从宏观层面上说，电子游戏当中的审美体验和成为美育的可能性，其中存在的幸福、死亡、时间等问题以及引发的相关思考，无不与人的情感密切相关。这样游戏美学的内涵就被扩充了，它不仅仅研究和传统美学学科有关的艺术及审美，还研究与游戏参与者的情感息息相关的生活关切。

本书的核心观点是：游戏不仅仅是一种娱乐大众的方式，还可以是审美的，可以助力我们的幸福和成长，可以提供一个契机让我们对现实有新的认识，甚至在改变现实的过程中起到助力的作用；把电子游戏真正作为一种生活方式去分析它的利弊，以一种更加客观、实践性的视角对电子游戏加以评述，应该成为题中之义。

本书第一章是对电子游戏进行美学层面的分析，认为电子游戏可以提供给我们审美的契机，同时指出当下对于电子游戏进行审美批判的缺失。本书的研究即从审美问题延伸开来。之后延续了对上述问题的探讨：如果对电子游戏进行审美方面的观照，那么电子游戏作为美育的一种方式是否可能？当下，人们对电子游戏"洪水猛兽"的印象似有所改观，游戏中的艺术要素能否为美育提供一种和现代教育传播语境相契合的补充？我们有理由相信电子游戏成为当今新时代美育方式的潜力。第二章，将电子游戏视为一种日常生活的体验来加以审视，从塔塔尔凯维奇的伦理学著作《幸福分析》入手，指出电子游戏能够影响幸福感，能够让人获得更为真切的真爱体验，同时也可以助力人们的成长。第三章，从游戏现象入手，通过对电子游戏中存档功能的剖析来阐释时间问题，并分析游戏彩蛋中的艺术及美学特性。第四章包含了对电子游戏的研究个案，呈现出笔者在体验电子游戏过程中产生的一些思考。本书还尝试指出，一些在电子游戏当中十分常见的现象却能引起人们对许多人生"大问题"和重要关切的反思。

作为一个年纪不大却也不再年轻的玩家，作为一个刚刚开始游戏研究的青年研究者，笔者认识到的一个问题是，未来未必属于游戏，但游戏在未来世界的建构中必定是有一席之地的。正如有学者指出的那样：游戏是一件重要的事情。作为游戏研究者，在研究过程中当然不能有任何预设或者理论先行的情况，即主观上把某个理论强行加于游戏之上，或者玩过一两款游戏就把这款游戏"抬到天上"，这当然是不严谨的。但我认为所有游戏研究者，无论他认为游戏是什么，在认识上一定要将游戏视为值得研究的对象，要希望从游戏当中"研究出什么来"，非但如此的话，似乎就没有进行游戏研究的必要了。就个人而言，笔者体验过的游戏不算太少，也不算太多，对于游戏的理解和认识可能存在漏洞甚至谬误，一些研究也不可能面面俱到，笔者只是希望将自己的这点爱好和感悟与同对游戏感兴趣的朋友和同仁分享，也希望本书能够起到抛砖引玉的作用，其中存在的不足之处还望方家指正。

目　录

第一章 电子游戏审美及美育研究

第一节 电子游戏中的审美体验

电子游戏是一种休闲方式，它的存在和审美有着密切关联。电子游戏有着可以让我们获得审美体验的契机，但长期以来对于电子游戏的批评仅局限在游戏外部，电子游戏缺少一种从游戏到玩家的审美批判维度。本节尝试指出，我们应当关注电子游戏中存在的审美体验，通过有意识的审美批判，让电子游戏成为抵御"娱乐至死"的有效方式。同时，我们需要全面地理解作为艺术的游戏的内容与形式，从而认识到审美批判的迫切性。

生活无法离开休闲，休闲的目的也并非有什么实际的用途，其真正的价值在于可以"使人在精神的自由中历经审美的、道德的、创造的、超越的生活方式，呈现自律性与他律性、功利性与超功利性、合规律性与合目的性的高度统一，它是人的一种自由活动和生命状态，一种从容自得的境界"。因此，"从本质上说，休闲与审美之间有内在的必然关系，审美正是休闲的最高层次和最主要方式"。[①] 电子游戏作为一种休闲方式，从本体层面来说就和审美密不可分，更不用说这种休闲方式是用以审美为内核的艺术形式展现出来的。

一、电子游戏中审美体验的契机

游戏中并不缺乏获得审美体验的契机。游戏中的音乐、建筑、绘画，甚至舞蹈等众多艺术样态都通过游戏这一平台被整合了起来，并以不同的方式被呈现了出来。我们会在游戏中听到气势磅礴的交响乐，领略巴洛克建筑的魅力，甚至可以在输入跳舞指令后欣赏到风格各异的舞蹈。这些存在于电子游戏当中的艺术并非可有可无：《合金装备》中应景的BGM可以很好地烘托游戏氛围；《全境封锁》里复刻自现实的建筑可以增加玩家的代入感；体感游戏中游戏人物丰富的肢体语言让玩家感到妙趣横生。除此之外，电子游戏中的自然景观同样是对现实景色的艺术加工。在《魔兽世界》中，安戈洛环形山的原型是位于坦桑尼亚北部、有着"非洲伊甸园"之称的恩戈罗恩戈罗自然保护区；灰熊丘陵取材自常有熊出没的加拿大班夫国家公园；最让人津津乐道的是《熊猫人之谜》片中的昆莱山，它的原型就是在我国被称为"万山之祖，龙脉之始"的昆仑山……除此之外，从《原神》的璃月城邦，《逆水寒》的西湖落雪，《光环》宏伟的建筑群中，我们都可以看到电子游戏间接或直接地对于现实景象的艺术

---

① 潘立勇等.审美与休闲[M].杭州：浙江大学出版社，2019：2.

再现。

除了上述提到的直观的艺术元素外，电子游戏的魅力还体现在它的剧情和叙事上。《仙剑奇侠传》凄美的爱情令人动容，《末世孤雄》紧张的节奏扣人心弦，《魔兽世界》宏大的叙事让人赞叹，它们都给玩家留下了深刻的印象。在《古堡迷踪》《死亡搁浅》等游戏中，玩家甚至会产生一种美学层面的"崇高"体验。"崇高"这一重要的美学概念最初由朗吉弩斯在《论崇高》中提出，他对比了罗马作家西塞罗和希腊雄辩家德摩斯梯尼（又译作狄摩西尼）："狄摩西尼的特点是粗犷的崇高，而西塞罗则展示了充沛的感情。鉴于狄摩西尼的力量、速度和强度，他就好比雷电，或是闪电，在一瞬间全部燃尽。但西塞罗则宛如蔓延的大火，滚滚来而，吞噬了一切；他体内有着稳定持久的火焰，只要他愿意，可以随时释放出来，而这火焰又不断从各处接受养料。"[①] 这一理念影响了欧洲众多思想家，布瓦洛认为"崇高"这一概念本身具有神性；康德则将"崇高"分为了"数学的崇高"与"力学的崇高"。简而言之，"崇高"指的是一种完全被审美对象慑服的体验。这种体验不同于从那些清新、精巧和灵秀的优美画面中获得的视觉上的赏心悦目，而是一种由粗犷、豪放和雄浑的宏大景观和叙事生成的心灵上的震撼，它让玩家对游戏的态度从随意转向严肃，并由此生发出一种敬畏感、责任感和

---

① ［古罗马］朗吉努斯，［古希腊］亚里士多德，［古罗马］贺拉斯. 美学三论 [M]. 马文婷，宫雪，译. 北京：光明日报出版社，2009：26.

使命感。

不难发现，如果将游戏中的某段音乐、舞蹈或剧情单独作为审美对象来欣赏，其中不少足以打动人心，给人一种独特的美感，更何况电子游戏一般都是将它们整合在一起并同时呈现出来。"剧情与任务刻画中的史诗传奇、人生百味，对人、世界、存在本质的追问，对只有游戏才能做到的叙事手段的创新，对美术风格、音乐制作的突破，都让游戏向着第九艺术的桂冠不断迈进。"①正是电子游戏中的艺术要素为我们提供了审美体验的契机。

二、审美批判的缺失

人的生活离不开休闲，离不开"玩"的行为。著名经济学家于光远先生曾指出，"玩是人生的根本需要之一，玩是人的一种本能，它是人处于放松和自由的一种状态"。人人都可以去玩，人人都愿意去玩，在当下，电子游戏的沉浸感更是把"玩"的内涵发挥到了极致。但不要忘记在玩的同时，我们还要"玩得有文化，要有文化的玩，要研究玩的学术，要掌握玩的技术，要发展玩的艺术"，②于光远先生的论述在丰富了作为休闲活动的"玩"的目的的同时还赋予了"玩"审美的追求。从传统的角度来看，艺术的自主性及其现实维度之

① 北京大学互联网发展研究中心.游戏学[M].北京：中国人民大学出版社，2019：4.

② 于光远.论玩[J].消费经济，1997（06）：4-10.

间存在一种持久的矛盾。一般而言，"为艺术而艺术"仅仅关注某种艺术样态的审美维度，而缺乏对于该艺术所存在的历史、文化等现实语境的观照。电子游戏作为数字艺术的一个重要样态，本应有更多的人关注其中的艺术元素，可遗憾的是，一般玩家仅仅是将电子游戏视为一种娱乐方式，追求"放松和自由的状态"，而没有将其视为一件文艺作品去探求审美品质。艺术可以说是电子游戏的"先遣军"，电子游戏通常会率先用所谓"纯粹的艺术"的方式来吸引玩家：精美的画风，动人的音乐，帅气的游戏人物……然而，游戏当中的美景，打斗时的配乐和令人动容的独白等这些在接触顺序上具有优先性的艺术要素，在很多人看来似乎没有什么实质性的作用，人们仅仅把这些要素当作通过关卡、获得装备的手段。诚然，我们并不是说人们在游戏当中不应当去打怪通关而仅仅欣赏音乐和画面，而是说人们不应过于注重功利性的目的而缺乏对电子游戏在审美上的基本关注与感知。

有学者敏锐地发现了中国游戏研究缺乏批判性反思的问题，并指出许多对于电子游戏的研究还尚未上升到学术研究的"道"的层面，而仅仅是研究"数字化的玩耍"，即便是有一些值得研究的游戏，也不是源于游戏自身，而是基于"游戏文本与社会文本的互文关系"。① 其实，这一普遍存在的问题如果细化到游戏批评的不同方面则有着各自的表现。从审

---

① 孙静，邓剑. 中国游戏研究——游戏的历史 [M]. 上海：华东师范大学出版社，2023：234.

美层面来看，通过与传统文艺作品的对比就可以很好地说明这种"审美批判的缺位"。人们常说"一千个读者就有一千个哈姆雷特"，强调对《哈姆雷特》的解读是多种多样的。进一步来说，像《哈姆雷特》这样优秀的文艺作品，人们在阅读之后会获得一种审美体验，并被这种审美体验所驱使，开始分析、批评这部作品，阅读与解读逐渐形成一种良性的互动，作品的意义在不断地生成，《哈姆雷特》的经典地位变得愈发坚固。我们在欣赏一部好的文艺作品时往往会沉浸其中，进入一种忘我的状态，这个时候理性的、成系统的思考是比较少的；而一旦结束了欣赏，转入对作品的回味时，我们便会去思考欣赏的过程，思考作品的内容与形式、技巧与媒介、创作者的意图等具体问题……有时甚至需要别人引导我们去欣赏，去思考，指引我们从什么角度思考——这就进入了一种赏析、批评的模式。简单来说，这一过程包含"接触—体验—反思（批评）"三个阶段，我们的审美能力就是在这一套完整的过程中得到提升的。日本学者松永伸司在《像素艺术的美学》一文中指出："电子游戏的发展史，迄今为止主要是从技术和产业的观点展开的。尽管环境因素对画面表现形式的影响的确不可忽视（特别是像电子游戏这样技术发展迅速的领域），但还是存在很多从外部环境角度无法解释的独特表现形式。"①他将对风格研究视为电子游戏艺术层面研究的一个

---

① 松永伸司. 像素艺术的美学 [OL]. 张连子，译. https://www.thepaper.cn/newsDetail_forward_25279105.

面向。他的观点的提出有两个前提或者说两个基础，一个是认为游戏中存在艺术特征和艺术表现，另一个则是认为游戏应该从产业、技术两个方面以外去进行分析。和许多游戏研究者一样，我们也认识到电子游戏存在着技术和产业视角无法完全解释的独特性，而对游戏进行审美层面的观照亦可以成为电子游戏研究的重要维度。

同前文所说，审美体验在电子游戏中并不鲜见，它时而是对华丽画面的赞叹，时而是对游戏中角色精神的崇拜，时而是和某段剧情产生共鸣……但是面对电子游戏中的审美体验，我们却正处于一种尴尬的状态，即仅仅醉心于游戏的"爽感"，把游戏当成一种私密的愉悦体验，而难以将它的"美"与"好"言说出来。当这些体验没有办法以一种相对容易且普遍的方式陈述出来时，特别是无法像其他文艺作品那样以一种美学的方式加以解读时，就会出现一些问题。

三、电子游戏——对"网络沉迷"的抵抗

最为典型的问题是我们所说的玩家的"娱乐至死"。尼尔·波兹曼认为的"娱乐至死"所指的并不是一直娱乐直到死亡，而是单纯目的的娱乐会让人的思想"死亡"，即失去独立思考的能力，而独立思考的能力恰恰是人之为人的一个维度。"人们感到痛苦的不是他们用笑声代替了思考，而是他们不知道自己为什么笑以及为什么不再思考。"①"娱乐至死"或许只是个开始，随之而来的就是"网络至死"和"焦土"世界。施尔玛赫认为我们现在接触的信息实在庞杂，获得信息的途径之多已是今非昔比，我们并不会产生信息匮乏时代的那种信息焦虑，新的焦虑产生于我们面对海量信息时的不知所措。克拉里更是用"焦土"来形容我们正在面对的这个永远"在线"、不知疲倦运转着的世界。他认为，互联网复合体的不断扩张会将现实生活越来越多地纳入数字网络协议中，我们的情感体验，如同情心、爱和痛苦，都被网络揉捏成了干瘪而空洞的数据，这些属于人类的宝贵的情感体验在网络中丧失了它们本身所具备的"独特性和不可言说性"，②可即便如此，我们仍旧产生一种错觉，认为网络是有百利而无一害的。

无论是波兹曼对令人丧失思考能力的"娱乐至死"的警惕，施尔玛赫对海量信息中不知所措的人们的关切，抑或是克拉里对"长盛不衰"的数字技术的担忧，他们的情绪引发了我们对电子游戏的思考：电子游戏究竟是所谓的"数字资本主义"的共谋，还是帮助我们摆脱"数字操控"的媒介？实际上，这完全取决于我们如何认知和体会电子游戏。娱乐

---

① [美] 尼尔·波兹曼. 娱乐至死 [M]. 章艳，译. 桂林：广西师范大学出版社，2004：211.

② [美] 乔纳森·克拉里. 焦土故事 [M]. 马小龙，译. 北京：中国民主法治出版社，2022：113.

体验本身没有什么问题，甚至娱乐也是生活中需要的，但在这种娱乐中失去思考能力，在技术的图像中迷失自我才是最可怕的事情。作为娱乐方式的电子游戏自然也存在这样一种倾向：我们仅仅"为了娱乐而娱乐"，习惯性地认为电子游戏除了娱乐之外并不能提供什么别的东西，并且义无反顾地沉醉于资本化的游戏营造的所谓"心流"的体验中。但事实上，电子游戏之中包含着的审美要素说明了它在成为娱乐方式的同时可以成为改变生活方式的契机，并"有潜力成为超越大众娱乐的重要媒介"。①

此外，对电子游戏可能导致的"娱乐至死"的担忧也早已溢出到了社会层面，成为电子游戏长期以来承受的最为严厉的指责之一。对电子游戏两极分化的看法也由此产生：一方面热衷游戏的玩家乐在其中，并单纯地以为自己的游戏体验和他人毫无关联；另一方面，反对者则是激进的游戏抵抗者，如同詹姆斯·保罗·吉说的那样，他们"只为游戏保留了极小的生存空间"。② 这一矛盾是游戏研究者们必须要正视的，同时更反映出大众对于游戏抱有的两种大相径庭的态度。审美层面的批评可以在这两种极端的状态中搭建一座桥梁，激发玩家自身审美体验的同时，让这种体验在一定程度上可

---

① ［美］詹姆斯·保罗·吉 . 游戏改变学习：游戏素养、批判性思维与未来教育 [M]. 孙静，译 . 上海：华东师范大学出版社，2020：7.

② ［美］詹姆斯·保罗·吉 . 游戏改变学习：游戏素养、批判性思维与未来教育 [M]. 孙静，译 . 上海：华东师范大学出版社，2020：9.

以被传达、被言说，让不接触游戏的人们也可以在一定程度上理解这种体验，进而丰富他们对电子游戏的认识。在数字化图像世界里，"并无一物可称为复制品"，①尽管那些不可见的数据被复制为了一个个看似同质化的可见图像，但玩家的介入决定了"其内在的可能性怎样被表达出来，或怎样被压抑"。②审美的价值和意义就在电子游戏不断被玩家体验、阐释的过程中被生产了出来。如此，对于电子游戏的审美观照就超越了"好"或"不好"的断言，进入到一种深刻的批评模式和理解范式当中。同时，由于审美体验以现实中人们对生活的体验为基础，"在进入审美体验之后，随着体验的逐步深化，又会最终导致整体生命的感发，并通过感发以回归于现实人生。"③电子游戏便通过这种审美的方式最终影响着我们的生活。可问题并没有就此结束，谈到游戏对现实生活的影响，就不得不再次重申游戏审美体验的重要性。

四、重申审美批判

车尔尼雪夫斯基指出，艺术的范围并不限于美和所谓美的因素，而是包括现实（自然和生活）中一切能使人——不是作为科学家，而是作为一个人——发生兴趣的事物；生活

---

① ［德］鲍里斯·格洛伊斯. 艺术力［M］. 杜可柯，胡新宇，译. 长春：吉林出版集团股份有限公司，2016：114.

② ［英］戴安娜·卡尔、大卫·白金汉等. 电脑游戏：文本、叙事与游戏［M］. 丛治辰，译. 北京：北京大学出版社，2015：68.

③ 陈伯海. 生命体验与审美超越［M］. 北京：生活·读书·新知三联书店，2012：35.

中普遍引人兴趣的事物就是艺术的内容。① 他强调我们不应该仅仅把注意力放到"怎样表现"上，而更应该关注"表现什么"。游戏作为艺术的这一观点现在已经为越来越多的人所接受，如果按照这个定义来看，这一艺术形态所遇到的问题同样存在，对于游戏关注很长时间是在它的形式、形象上面，对于游戏的内核，即它对于再现生活、说明生活方面发挥的作用关注不够，在车尔尼雪夫斯基看来，现实生活和内心生活都具有客观事物的意义，那么艺术所再现的除了现实生活外，还包括想象的内容，除此之外，艺术还有说明生活的作用，"当事物被赋予活生生的形式的时候，我们就比看到事物的枯燥的记述时更易于认识它，更易于对它发生兴趣"。② 这难道不能给我们以启示吗？

笔者在前文提到，我们对于游戏缺少审美的批判和反思。对游戏的审美自然是建立在"游戏是艺术"这一观念的基础上的。诚然，对艺术本身含义理解的缺乏会令人不安，这不是电子游戏"独享的待遇"，几乎每一件有创新观念的艺术门类和作品在诞生之初都会让人产生一些心理上的抵触，电影如此，绘画作品更会遇到。可人们对游戏的"防备"似乎已经超出了对其本身的探讨，在一定程度上变为了同社会问题、

① ［俄］车尔尼雪夫斯基. 艺术与现实的审美关系 [M]. 周扬，译. 北京：人民文学出版社，2009：91.

② ［俄］车尔尼雪夫斯基. 艺术与现实的审美关系 [M]. 周扬，译. 北京：人民文学出版社，2009：95.

教育问题绞合在一起的"事件"。为什么会这样？除了外部因素外，还应该从游戏本身去找原因。谈到这个问题也许很容易就从游戏的互动性入手，互动性可能是比较学理上的说法，说明白一些就是"沉浸"，说不好听一些甚至可能是"成瘾"。目前看来，对"成瘾"的担忧是无法用"游戏让人沉浸""游戏有很强的交互性"这类原因来解释，否则就变成了循环论证。换言之，互动只能够作为人们对"上瘾"问题担忧的互证。

在互动性背后是人们对于游戏艺术理解的缺乏，即人们仅仅关注的是游戏提供的艺术形式，而忽略游戏想要传达的思想观念，以及游戏想要反映的现实生活。人们普遍以为对于游戏的着迷，仅仅是对画面、音效和图像这类直观艺术形式的着迷，但实际上这并不是玩家们所玩游戏的全部，同时也不是对游戏进行审美观照的全部。玩家固然会被游戏精致的影像、声效所吸引，但一个对游戏有长时间体验的人会明白，真正"打动"人的是游戏中的内容，即游戏能够和人的心灵产生共鸣的精神内核，以及游戏中体现的对现实价值的观审。对游戏的审美则更进一步，不仅需要对游戏中能够表现"美"的形式的体验，更是通过对游戏中意象的体悟达到审美的超越。可以说，对游戏本身的担忧应该是对艺术作品缺少全面理解而引起的防备心理在社会层面的呈现。这就更加说明了审美批判的迫切性。

余论

当下，如果从休闲的"无目的"与"合目的"的视角对游戏进行分析就会发现一些新的问题。电子游戏应该是艺术性和交互性的统一，对于数字网络游戏来说这种统一更为重要。过去许多游戏在这两个方面做得很好，玩家一方面可以通过画面和剧情获得审美体验，另一方面在游戏中愿意与他人交流和沟通，甚至在线下发展为好友。但当下，一方面游戏的艺术性因为受到过多资本及其他外界因素的干预而染上了功利的色彩，审美体验大打折扣，另一方面人们在游戏中变得越发自我，越发不愿与他人沟通。关注游戏的审美维度，可以很好地弥补电子游戏中对功利性的过度重视以及对审美要素关注的缺位。如何通过审美体验建立情感体验，用"游戏的反思"代替"游戏的盲目"，应该成为电子游戏开发者和玩家未来思考和关注的重点。

进一步来说，我们正处在一个"游戏化"的生活世界中。如果说80、90后还是虚拟世界的移民，那么00后、10后便可以说是虚拟世界的原住民了，后者对于世界的感知正在和这个逐渐"游戏化"的世界产生着深层次的互动。在他们眼中，许多现实世界的事物甚至是按照游戏的构思方式被建构起来的。相应地，他们对于电子游戏的感知也和我们大相径庭，他们的"生活方式"必然会因生活的"游戏化"而与先前有所不同。如姜宇辉教授所说，"当整个社会越来越趋向于全面游戏化之时，从游戏的角度反思人生不仅能够更深刻地洞察本质，而且更关键的是，由此或许才有可能从游戏化的捕获装置之中撕裂出可行的挣脱和逃逸的路径"。① 这里的"挣脱和逃逸"并非把电脑、手机关掉，把里面的游戏全都删除——这当然是不现实的。"挣脱和逃逸"还有一个更加现实的意义，那就是并非从纯粹娱乐的角度去体验游戏，而是在游戏过后乃至游戏当中进行更多的反思和包括审美在内的批判。

换句话说，审美体验能够让电子游戏从一种"高度被控制的、近乎蜕化为行为的行动"转化为一种"包含'自在自为的能动性'的，以强烈的否定性和偶然性为内核的行动"。② 或许获得所谓的"心流"体验是衡量一款游戏成功与否的标志，但审美体验却并不能完全被纳入到这些被资本和数据刻意包装好的"心流"当中。在传统语境下经常被冠以"无关功利"和"纯粹目的"的审美体验，却能够在电子游戏的背景之下表现出一种坚定的"现实关切"，让我们在"沉浸"的同时"清醒"着。对于电子游戏这一艺术样态的审美态度，我们更应该秉持的是通过对艺术作品的审美来达到改变生活，让生活更加美好的目的，许多争论也许就在这一目的的指引下达成了和解。就此，阿兰·德波顿的观点应该是正确的：

---

① 姜宇辉. 作为真理游戏的电子游戏——跟随福柯的文本脉络探寻游戏哲学的建构可能 [J]. 上海大学学报（社会科学版），2022，39（03）：90-102.

② 傅善超. 否定与偶然：论电子游戏中的能动性 [J]. 文艺研究，2022（09）：147-159.

我们如果一面自称是艺术爱好者，同时又希望社会在未来能够不再对艺术如此大惊小怪，这两种论点并没有互相矛盾。[①]

第二节　电子游戏作为美育的可能

前文从审美问题出发，讨论了电子游戏中的审美体验，并重申了审美批判的必要性。如果进一步思考其中涉及的内容，再结合当今教育对于美育的迫切需求，我们不禁要问：如果对电子游戏进行审美方面的观照，那么电子游戏作为美育的一种方式是否可能？当下，人们对电子游戏"洪水猛兽"的印象似有所改观，游戏中的艺术要素能否为美育提供一种和现代教育传播语境相契合的补充？前面也提到，虚拟世界原住民的审美体验以及感知世界的方式都和先前大相径庭，这种变化的发生和数字时代的演进密不可分。面对这种变化，美育能做的，就是要将电子游戏中难以表达的美言说出来，并通过这种言说让人们得到一种和传统有所不同的审美体验。

一、数字时代的美育

"美育"即"审美教育"的简称，在和美育相关的论著中，影响较大的是 18 世纪席勒的《审美教育书简》。席勒的美育理论，奠定了美育概念的基本含义是感性教育，其基本的教

---

① ［英］阿兰·德波顿，［澳］约翰·阿姆斯特朗 . 艺术的慰藉 [M]. 陈信宏，译 . 武汉：华中科技大学出版社，2019：231.

育内容是艺术。^①在中国，蔡元培先生在著作《哲学总论》中提出了对于"美育"的理解与主张，在他看来，"美育者教情感之应用是也"。^②这个说法直到现在都被使用着。宗白华先生曾将美育归类为美学所研究的对象，认为美育"研究怎样使美术的感觉普遍到平民的社会生活和个人生活间"。^③同时，"艺术的作用是能以感情动人，潜移默化培养社会民众的性格品德于不知不觉之中，深刻而普遍"。^④他非常准确地概括了美育的目的与艺术在美育当中发挥的重要作用。2015年，国务院办公厅印发了《关于全面加强和改进学校美育工作的意见》，指出："美育是审美教育，也是情操教育和心灵教育，不仅能提升人的审美素养，还能潜移默化地影响人的情感、趣味、气质、胸襟，激励人的精神，温润人的心灵。"这充分说明了美育对于人内在修养的教化作用。

现阶段我们已经进入数字时代，电子游戏已经成为时下流行且有广泛受众的娱乐方式。与此同时，电子游戏本身具有的综合艺术特征也让它超出了简单的娱乐手段，成为一种全新的艺术形式，即"第九艺术"。过去，美育的方式以传统的艺术门类欣赏为主，我们主张在继承的基础上有所创新，将电子游戏这一艺术形式纳入到美育当中来。美育是一种"感

---

① 杜卫. 美学三义 [J]. 文艺研究. 2016（11）：10.

② 蔡元培. 哲学总论，蔡元培全集（第一卷）[M]. 杭州：浙江教育出版社，1997：357.

③ 宗白华. 艺境 [M]. 北京：商务印书馆，2011：8.

④ 宗白华. 艺境 [M]. 北京：商务印书馆，2011：239.

性教育"，它对情感的重视和强调并不意味着它反对理性，而是用"动之以情"来作为一种"晓之以理"的教育模式的辅助与有力补充。这种教育方式主张：个体生存的完满不仅仅在于有道德、有智力、有健康的身体，也不仅仅在于有财富、有权力、有名誉，而且还在于有丰富的情感需要和满足，有敏锐的生存感受。① 将电子游戏纳入到美育当中来，从美学的视角来审视电子游戏，吸纳其中能够激发我们审美体验的要素，不仅让玩家通过电子游戏获得的这种感悟在一定程度上可以被传达、被言说，还可以让不接触电子游戏的人们很好地理解这种体验，不仅从社会层面增进了大众对电子游戏的理解，更从广义上扩充了美育的边界。同时，由于电子游戏中的审美体验以现实中人们对生活的体验为基础，"在进入审美体验之后，随着体验的逐步深化，又会最终导致整体生命的感发，并通过感发以回归于现实人生。"② 电子游戏便通过这种审美的方式最终影响人们的生活。因此，从美育的角度上讲，电子游戏"有潜力成为超越大众娱乐的重要媒介"。③

二、教育视角下电子游戏对青少年的影响研究

"游戏中到底有什么？"从学理上来说，这应该是一个哲

---

① 杜卫. 美学三义 [J]. 文艺研究. 2016（11）：10.

② 陈伯海. 生命体验与审美超越 [M]. 北京：生活·读书·新知三联书店，2012：35.

③ [美] 詹姆斯·保罗·吉. 游戏改变学习：游戏素养、批判性思维与未来教育 [M]. 孙静，译. 上海：华东师范大学出版社，2020：7.

学问题，这个问题和"幸福是什么""认识你自己"一样深奥，一样难以回答。可偏偏这个问题是许多家长提出来的。面对一款游戏，孩子们可以盯着电脑、手机屏幕玩一整天。他们对于游戏似乎总是乐此不疲，于是这个问题就拓展成了，"我家孩子每天就知道玩游戏，他要把对游戏一半的热情放在学习上就好了！游戏里到底有什么，让他这么着迷？"这个问题可能不止是青少年的家长会提出来，不接触游戏的人同样有此疑惑。这么说的人可能并不了解游戏，或者说他们并不知道，对于受众来说游戏其实也是一种学习方式。换个角度看，游戏对于教育者而言也是一种教育手段。游戏具有哪方面的教育功能，它又能教给我们什么呢？我们的研究也由此展开。明确了这个"育"的问题，才能继续去探讨"美育"的问题。

简·麦格尼格尔说："他们（玩家）希望探索、学习和改进，自愿从事不必要的艰苦工作，真诚地看重自己努力得来的结果。"[①] 这句话说明了几个问题：首先，游戏是一个学习过程；其次，游戏并不是时常都令人开心的；最后，玩家却乐在其中。对于这句话，不同的人有着不同的解读，可即便没有看到这句话，很多人都会有一个常识性的判断：无论游戏多么困难，都会有玩家心甘情愿地去探索、学习。对于青少年玩家来说，他们对电子游戏的态度和现实生活有着一定的

---

① ［美］简·麦戈尼格尔. 游戏改变世界 [M]. 闾佳，译. 北京：北京联合出版公司，2016：27.

反差，有些人的反差还比较大。正是这种反差让许多"旁观者"难以理解：为什么孩子能坐在电脑前面玩一下午乐此不疲，而写作业却写一会儿就写不下去了？游戏中的艰苦工作和现实中的艰苦工作，同样是艰苦的工作，为什么孩子们对待它们的差距如此之大？甚至会有家长提出，是教育本身出了问题还是我们对游戏的认识出了问题？

实际上，原因更有可能是后者。于是问题就变成了，我们印象中的电子游戏究竟是什么？相信谈到电子游戏，许多家长脑海中浮现出来的画面是又脏又乱的网吧中一帮人在破口大骂，是在家中的孩子疯狂敲击键盘而对家人的问话不搭不理……这些画面的确是真实存在也是曾经存在的社会现象，可除此之外呢？事物是具有两面性的，倘若我们对一个事物的负面评价过多，或者说如果我们的脑海中充满了对这个事物的负面评价，那么对这个事物的认识肯定会有失偏颇。电子游戏其实就是这样一个在很多人的脑海中曾经被"妖魔化"的事物。从最初的"洪水猛兽"，到后来的"玩物丧志"，即便是现在也难以逃脱"躺平工具"的命运，对于电子游戏的批评似乎从来就没有中断。我们会指责孩子因为玩游戏而消耗了时间，但似乎另一个问题更加值得思考：他们认为自己可以从游戏中得到什么？这里绝没有指责家长的意思，为人父母，看着孩子沉浸在电子游戏的世界中自然而然地会产生疑惑。对于这个问题，不仅大人不太明白，就连孩子自己也说不清楚。我们自然不能用"存在即合理"这样的理由敷衍了事，如果一个事物的意义在认知方处于"缺位"的状态，那么要么它的利或弊会被过度夸大，要么它的意义会被随意解读。电子游戏恰恰就处在这样一种状态：参与者自身处在一种无意识的状态下自娱自乐，觉得没有必要理解或者说出意义——"怎么都行"，批评者则在一定程度上夸大了电子游戏的弊端。这样，问题就定位在了"电子游戏能给我们带来什么？"

现在我们可以回答之前的问题，为什么同样是"艰难的任务"，孩子们的表现却如此不同。一个重要的原因就在于，电子游戏是有目性的，且这种目的性在很多孩子看来简单而直接。一般的电子游戏都有一种隐性（如《俄罗斯方块》）或者显性（如任务类游戏）的目的，当实现这种目的，玩家会得到直接的反馈和奖励，进而获得心灵上的愉悦。但对于完成作业而言，有相当一部分孩子不知道这么做是为了什么，或者只是为了完成家长的任务，为了获得某一次考试的高分。家长则觉得完成课业是为了孩子日后成才，有一份好的工作，有一个光明的前途，但孩子对于生活、社会与未来发展等重大人生关切的理解程度毕竟不如家长，对于"好工作""好前途""出人头地"等问题并不像家长那样有一个清晰的认识。于是就产生了一种"不对等"：孩子知道玩游戏的目的，而家长的认识模糊；家长知道写作业的目的，而孩子的认识模糊。而双方对所谓的"目的"的认识更是单纯的：孩子认为玩游戏仅仅是为了娱乐，家长则认为玩游戏不可取；家长认为孩子只要学习好就行了，孩子则认为学习很枯燥。这个问题可以说是一个世界性难题。

简·麦戈尼格尔就认为，这其中存在一个"自愿"的问题。电子游戏的自愿机制让玩家面对再困难的问题也会甘之如饴，而遗憾的是，人们在现实生活中完成的许多任务并不是自愿的。电子游戏及时的反馈机制，明确的目的感增强了玩家的自愿参与，这是生活中的许多任务不能企及的。完成一个工作却没有明确的目标，就是做了也没有及时的反馈，这让人们对于现实中的很多任务并不能心甘情愿地去完成，很多人觉得工作仅仅是为了养家糊口，写作业仅仅是为了获得高分，给家长一个交代……"别人要求我们做的艰苦工作，不能以相同的方式激活我们的快乐系统，很难让我们打起精神、乐观向上、斗志昂扬"。① 当然，这里仅仅是再简单不过地说明了时下存在的一个情况。有研究者指出：幼儿作为新时代的接班人，在全面发展的道路上不可能过一个完全没有网络的世外桃源，幼儿最迫切需要了解的就是如何正确利用网络。② 这个观点放在电子游戏上面同样适用。进一步来说，幼儿在当下对网络和游戏等新兴事物的接触应该是自然的，所谓的"世外桃源"应该是不存在的，那么怎样"正确利用"，

---

① ［美］简·麦戈尼格尔. 游戏改变世界［M］. 闾佳，译. 北京：北京联合出版公司，2016：29.

② 李艳红. 探究游戏在幼儿教育中的重要性及应用策略［J］. 智力，2023（24）：190-193.

这应该是所有相关教育者应该思考的问题。

斯坦福大学的著名数学家和教育家基斯·德福林是教育类游戏的积极倡导者和制作者。从2003年到2011年他曾经进行了一项长达8年的研究项目，研究内容就是研发适合青少年的数学教育游戏。他将这段难忘的经历写进了2011年出版的著作中。此外，他还撰写了一篇名为《亲身体验是一种学习方式》作为格雷格·托波《游戏改变教育》一书的序言。在这篇文章中，他首先从人类学的角度指出游戏是以相对安全的方式来对人们生存至关重要的行为进行演习，并指出游戏对影响现实生活行为的模拟，这是自然进化的结果，也就是说，游戏可以让我们去学习那些对生活非常有帮助的技能——这是出于人类经验和学理的大前提。在介绍游戏对学习的助力时，他再次强调学习是有难度的，如果没有积极的正面反馈便很难持续下去。我们知道，尽管游戏有时候是非常困难的，但是好的游戏总能够给人以积极的正向反馈。同时，教育游戏把亲身体验和沉浸的方式加入到学习当中，让学习者在高度吸引和持续投入精力的情况下，达到强化学习的功效。在这个方面，中国的一些科技益智产品企业进行了有益的尝试。拿洪恩公司来说，该公司是我国著名的科技益智产品企业，基于丰富的行业教育经验和研发经验，洪恩公司研发了大量含有高质量教育内容又充满趣味的自主互动App。它们大体上可以分为语数外学科、科学、体育和艺术等门类，每个门类下的App，其功能和内容侧重各有不同。

如《洪恩识字》侧重认识汉字与自主阅读，《洪恩思维》偏重数理逻辑和思维逻辑启蒙，《洪恩十万问》则将科学问题放置到视频中，目的是让孩子获得更多的科学知识。同时，对于许多家长担心的电子产品"成瘾"问题，App还设置了较为严格的防沉迷系统。在通过游戏影响教育的过程中，无论是教育家还是企业都做出了自己的努力。他们有的通过挖掘电子游戏内容中有教育意义的部分来完善教育理念，有的通过改进学习软件中的部分内容，开发并内置一些有教育意义的小游戏来增加学习形式，有的则利用游戏中的及时反馈机制增加孩子学习的兴趣，使学习软件在满足教育主要目标的同时兼顾趣味性。通过这些努力，前文所说的"理解的鸿沟"也有望慢慢弥合。

三、电子游戏作为美育的可能

明确了电子游戏中"育"的问题，就可以进一步对"美育"加以讨论了。实际上，无论是喜欢游戏与否，参与游戏与否，哪怕是对游戏持有反对态度的人们都不会否认，我们接触游戏，第一眼看到的必然是游戏画面。游戏海报风靡一时，游戏人物惟妙惟肖，游戏画风引人入胜，看到这些，哪怕不玩游戏的人也会觉得它们是美的。这些感受直接指向一个关键词：审美体验。

在本书的第一节已经提到了电子游戏当中的审美体验，指出作为艺术的电子游戏可以给我们以审美的契机。既然艺术是进行美育的重要媒介，那么作为艺术的电子游戏中也存在着能够为美育提供新内容、新表现的机会。

第一，电子游戏的美育作用是潜移默化的。这一点，首先是把电子游戏作为一般游戏的一种，其次是将电子游戏作为一种艺术样态加以观照之后得出的结论。对于第一点而言，似无需赘述，无论是孩童时期玩的各种游戏，还是年长之后接触的电子游戏，只要是我们乐于体验的，几乎都具有令人沉浸的魅力甚至魔力，这些游戏可以让我们暂时忘记周遭的事物而进入一众忘我的状态。我们在打沙包、跳跳绳、打篮球的时候会完全沉浸其中，脑海中并不会想太多和游戏无关的事情，从这个角度上讲，文艺也有这种功能。比较典型的观点是柏拉图的"迷狂说"和亚里士多德的"净化说"。前者所说的"迷狂"和"灵感"直接相关，诗人在迷狂状态下创作的作品要胜过日常理智状态下写就的作品；后者则指出，悲剧可以让人的情绪得到净化。电子游戏有着和日常生活中体验到的游戏的共性，但倘若如此还远远不够，电子游戏还存在着一般游戏中缺少的艺术元素，这就是为什么电子游戏带来的愉悦和日常生活中的游戏能提供的愉悦有所不同。

有学者尝试对电子游戏的教育作用进行系统分类和评价，分别对语言型、音乐型、逻辑型、视觉型等八种类型的电子游戏进行了细致考量，以科学的方法评估电子游戏发挥的教育作用。在这八种类型的电子游戏直接和美育相关的应该是音乐型和视觉型游戏。比如，在对视觉型电子游戏的研究中，研究者将音乐智能分为高音敏感力、音色辨别力、节奏感知力、旋律控制力四项，分别提出了培养这些能力的具体方法，并结合电子游戏当中的任务类型、交互、角色道具和音乐四个方面探讨游戏对音乐智能的影响指标。在这一部分，研究者结合了《劲乐团》《劲舞团》《超级乐者》等以音乐、舞蹈为直观特点的游戏，《大家来吃豆》《红色警戒》等有着多样化且应景的背景音乐的游戏，以及《弹钢琴》这类能直接反映乐器特色的游戏进行了系统分析。通过分析并总结这些直接影响人们音乐智能的游戏音乐，研究者进而建立起相应的指标体系和评价方法。在对视觉型电子游戏的探讨中，研究者使用类似方法将对视觉空间智能的培养同具体的电子游戏结合起来，其中涉及到游戏的场景美，以及玩家通过视觉产生的想象等问题……[①] 首先必须承认，这种分类和评价体系当然是基于科学实证，但同时也是指向美育的：音乐美感自然是建立在音乐智能基础上的，而电子游戏对视觉空间智能的培养则更加有助于视觉美感的形成。

可以看出，电子游戏中的艺术元素带给欣赏者（同时也是体验者的玩家）的是一种艺术的愉悦，一种美的愉悦。对于作为美育的电子游戏而言，它不仅是我们日常理解的那样，即玩游戏可以转移注意力那么简单。除了在音乐（听觉）和视觉美感形成方面发挥重要作用外，作为艺术的电子游戏的

---

① 王蔚. 电子游戏的教育性分类和评价体系 [M]. 北京：科技出版社，2010.

的一个重要功能就是心灵上的慰藉,即一种艺术对心灵的抚慰。《守望先锋》的漓江塔地图为"平凡英雄"吴宏宇设计的彩蛋,《英雄联盟》中和身患重病的小朋友共同设计的暗星科加斯皮肤,《彩虹六号》中显示的"BostonBearJew"玩家的个人信息。除此之外,在《塞尔达传说:旷野之息》《魔兽世界》《剑网3》等游戏中,都可以看到这些充满温馨感和人文关怀的彩蛋。这种慰藉不仅能抚平现实生活中的创伤或焦虑,还可以从更高的层面带给人们精神上的抚慰,向玩家展示出游戏当中所蕴含的艺术的力量与人性的光辉。

第二,电子游戏让美育更具时代性、现实性。电子游戏是数字时代的产物,其中许多特点亦是当今时代的重要表征。一时代有一时代之美,一时代也有一时代之美育。之所以这么说,是因为美育的一个重要目的是指导现实,变化着的现实决定了采用美育的方式也有所不同,而美育的主要手段则是文艺。那么就可以认为,文艺样态的历史性发展亦成为了探讨美育与时代、与现实关系的重要一环。从这个角度来看,诗歌、绘画、舞蹈、音乐等均在教化方面发挥过重要作用。中国自古就有"诗教"的传统,《礼记·经解》有云:"温柔敦厚,《诗》教也。"家国观念、奉献精神、仁义大道都是诗歌中历久弥新的主题。作为美术的重要构成,绘画一直以来都在培育美感、修身养性方面发挥着重要的作用,传统绘画当中亦不乏关心现实、针砭时弊的优秀作品。用中西比较的视角来看音乐,则更可以探究其教育作用。《高山流水》《梅花三弄》《广陵散》等古曲虽说有部分曲目的原曲已不可考，但其中的教育意义不言而喻，常听中国传统的古曲民乐不仅可以培养乐感，更可以丰富创造力和想象力，同时可以起到陶冶情操的作用。音乐在西方的地位可用牢固而悠久来形容，由于音乐和"数"自古以来都有十分密切的关系，它不仅代表着秩序，更象征着不可置疑的作为教堂祈祷礼拜必不可少的辅助，可以说音乐从发展之初就有着深刻的信仰关切甚至伦理关切。舞蹈则更是语言和音乐的延续，《诗经·周南·关雎·序》中曾经对舞蹈进行了十分恰切的形容："永（咏）歌之不足，不知手之舞之，足之蹈之也。"可以说，这些文艺门类都发挥着文艺教化，即美育的作用。

如前文所述，电子游戏的特别之处就在于，作为艺术样态，它有很强的包容性。如果我们将电子游戏视为一件艺术作品，那么这个艺术作品的构成则是建立在众多艺术作品之上的。一般我们在画中会看到诗词歌赋，在诗词朗诵中配以音乐也很常见，但电子游戏当中则可以看到众多艺术样态的融合。如果承认先前这些艺术门类的美育功能，那么融合艺术形式的电子游戏也应具有美育功能，更应发挥美育作用。对此，一些曾经是游戏玩家的老师已经在进行着尝试。2023年初，一位名为"长安沐雨梓"的 B 站 UP 主上传了自己的授课视频《梦想实现！用＜刺客信条＞上历史课！》。视频一经发出便引起了广泛关注，甚至连开发者育碧的官方账号也在视频下方留言点赞。这位 UP 主在现实中是一位历史老师，在朋友的推荐下他接触了育碧开发的动作冒险类游戏——《刺客信条》。根据他在视频介绍里的描述，2013年他在朋友的推荐下接触到了《刺客信条》，随着对游戏体验的逐渐深入，他萌生了"用游戏讲述历史"的想法。在讲到同法国大革命和文艺复兴相关的内容时，他并没有照本宣科，而是创新性地将课堂内容和游戏《刺客信条2》与《刺客信条：大革命》中的画面结合在了一起，用实操演示的方式为学生呈现了一堂与众不同的历史课，让学生更直观地感受历史，学习历史。对此他激动地写道："十年前的相遇，五年前的幻想，今日的实现！ History is your playground！"此外，他还强调自己已经将不利于教学的内容剔除，并已提示学生禁止模仿游戏里的危险动作。无需多言，在这两个视频中我们丝毫不会联想到所谓的游戏上瘾和沉迷，有的只是像布洛赫所说的"历史的美感"的体验，而在视频的评论区里可以看到很多人的留言，有的是从事教育行业的人，有的是希望了解这段历史的学习者，当然还有很大一部分是玩家，他们从不同角度发表了自己的观点，对这种新颖的教育方式表示了认可。这种尝试当然也启发了我们要更加关注电子游戏当中的美学要素：建筑景观、游戏音乐，以及游戏当中出现的诗词，它们共同形成了一种合力，让接触到游戏的人获得一种审美体验。同前文所说，如果说过去对于游戏的审美是无意识、不自觉的，那么在明确理解电子游戏中存在美学要素的情况下，可以把这些要素提炼出来，在教育过程中让受教者有意地进行美感的培育，从而达到美育的目的。当然，像前文提到的那位 UP 主所说的，他所"剔除不利于教学的内容"中自然包括游戏功利化的内容，在进行美育过程中应当时刻明确美育目的，警惕游戏功利化的影响。

余论

最后，我们不妨再次回到席勒对于"游戏的人"的描述："说到底，只有当人是完全意义上的人，他才游戏；只有当人游戏时，他才完全是人"。① 我想，这不仅仅是出于协调本能和道德之间的要求，更存在着现实的直接指向。《游戏改变教育》的作者格雷格·托波对游戏与教育的关系做了大量的实践性研究，他毫不隐晦地指出："它们（游戏）迫使我们重新思考关于孩子如何学习的基本假设。"② 比如，我们为什么要上学，学生在学校应该做些什么，我们如何面对失败，如何定义成功，等等。这些问题在教育当中都是关乎学生一生的"大问题"。电子游戏的介入无疑更新了原有的教育理念，就教学者而言，它丰富了讲授者的教学手段；就学生而言，它以灵活多样又饶有趣味的方式让学生对较为抽象的学习内容生发出兴趣，调动了学习的积极性。谈论电子游戏作为美育的可能，一方面是出于电子游戏中艺术元素在审美中所发挥的功

① ［德］弗里德里希·席勒. 审美教育书简 [M]. 冯至，范大灿，译. 北京：北京大学出版社，1985：30.
② ［美］格雷格·托波. 游戏改变教育 [M]. 何威、褚萌萌，译. 上海：华东师范大学出版社，2017：22.

用同美育有密切的联系，另一方面通过"电子游戏 - 艺术理解 - 美育"这一环节对电子游戏在美育方面潜能的探索，也为美育开拓时代内涵，丰富理论内容等方面提供了更多、更有益的资源，有助于美育更好地在当今时代发挥作用。

第二章 作为生活体验的电子游戏

第一节 电子游戏与"幸福辩证法"——从塔塔尔凯维奇《幸福分析》谈起

关于幸福定义的探讨和争论延续了2500多年，思想家们对幸福问题进行了多元化的阐释，涉及和幸福有关的方方面面。在对幸福问题的综合性描述中，波兰学者瓦迪斯瓦夫·塔塔尔凯维奇的著作《幸福分析》可说是比较完备的。在他看来，幸福存在着明显的二元特征和相对性特征，他强调，理论层面的幸福可以分析，却难以达成，幸福要结合实际，从而形成一种"扰动"，这种"扰动"并不排除现实当中的痛苦，是一种"幸福的辩证法"。然而，总结后现代的幸福观，我们可以发现人们似乎在刻意地消除痛苦，追求一种"毫无痛苦、永久幸福的生命"。但实际上，"弥漫的"幸福追求固然是可以理解的，但同样仅存在于理想之中，幸福无法离开现实而独存于理论层面。电子游戏常被视为当下人们获得幸福感的一个重要媒介，那么作为新兴媒介、娱乐手段和艺术样态的电子游戏能否为我们对"幸福辩证法"的理解提供助益，又能否帮助我们更加清晰地认识并获得现实中的幸福？这是本章要解决的问题。

有研究者将电子游戏视为增进人们幸福的一种途径，这主要是因为电子游戏可以让人"专心致志、高度积极、创意激发，全力以赴地发挥个人能力的极限"，① 从而让人产生一种特别的"心流"体验，而这种体验被认为和人们的幸福感直接相关。本章拟从瓦迪斯瓦夫·塔塔尔凯维奇的伦理学著作——《幸福分析》谈起，并以此延伸开来，谈谈它对于游戏与幸福，以及由此生发出来的相关问题的启发。

一、从塔塔尔凯维奇的《幸福分析》谈起

《幸福分析》是波兰学者瓦迪斯瓦夫·塔塔尔凯维奇在第二次世界大战期间写就的作品，全书共 25 章，分别探讨了幸福的定义、幸福的发展历程以及幸福同其他要素的关系，对幸福概念进行了系统解读。塔氏是少有的在哲学、伦理学和美学三个领域都颇有建树的学者，他的这部伦理学著作上承三大卷《哲学史》，下启三大卷《美学史》，但其创作背景却是最值得关注的。二战时期的波兰被战争的阴云笼罩着，难以想象塔氏当时写作这本书的时候处于一种什么样的状态——他失去了工作，居住了数十年的房子随着他长期搜集

---

① ［美］简·麦戈尼格尔. 游戏改变世界［M］. 闾佳，译. 北京：北京联合出版公司，2016：42.

整理的笔记一道被付之一炬。他和波兰乃至众多欧洲民众一起生活在不幸当中，但正如他所说，他可以在不幸中寻求幸福，能够在思想中建立一个避难所，正是这样一种痛苦而又怜悯的情绪成了他探讨幸福的契机。

在塔氏看来，幸福既是一个概念，又是一种体验。从概念层面来看，"幸福是整体上的满足感，是对作为整体的生命的一种满足感。"①这种满足感是一种"至高无上的幸福"，是"彻底的"、"持久的"、"整体上的"，同时也应该是"正当合理的"，却又是难以达成的；对于体验而言，幸福"要求只需要我们时不时地感受到内心的一股'扰动'（stirrings）即可"。②原因很简单，在现实层面，幸福是诸多因素的建构，而非由单一因素决定，是众多外部条件共同作用的结果，而非某几个条件的简单累加。塔氏用以分析幸福的方式是辩证的，他所说的这种影响幸福感的"扰动"实际上本身就具有一种相对性。对于电子游戏而言，它们可以让玩家不断体验这种"扰动"，游戏确实能够通过一些固定的条件来引起愉悦，但人们却很难说清楚为什么一些电子游戏可以让玩家持久地满足，进而产生一种幸福感。以此为启发，我们至少可以从三个角度论说电子游戏中的"幸福的辩证法"。

①　Tatarkiewicz, Władysław. *Analysis of Happiness*[M], Warsaw:Polish Scientific Publishers and The Hague: Martinus Nijhoff, 1976: 8.

②　Tatarkiewicz, Władysław. *Analysis of Happiness*[M], Warsaw:Polish Scientific Publishers and The Hague: Martinus Nijhoff, 1976: 9-11.

二、游戏角色与绝对幸福

游戏中可以获得"绝对的"幸福吗？如果放到现实当中，所谓"绝对的"幸福似乎只存在于概念和理想层面，可如果单独从游戏角度，并且按照绝对的"科学的"标准看，是可以的，这里的绝对幸福指的就是游戏角色的幸福。或许有人会提出质疑：游戏中角色的幸福和操纵游戏角色的玩家的幸福难道不是一回事儿？我们不妨举一个简单的例子。在大型多人在线角色扮演游戏（MMORPG）中经常会有一个词——"毕业"。这个词很形象，它的字面意思是在学校或者培训班修业期满，并且达到了结束学习的要求。游戏中的"毕业"和日常生活中"毕业"的相同点在于，两者的确都是指完成了阶段性的任务。游戏中"毕业"的意思是玩家经过努力，达成了这个版本的目标，达到了最高等级，收获了最好的装备（哪怕剩一件没有拿到都不算完全意义上的"毕业"），是通过"通关"的方式达成的，如完成平时的任务，打败副本关卡 Boss。在游戏当中，这个游戏角色是通过一个个小目标实现了最终的大目标。或者说，游戏角色诞生的自成目的就是为了完成他在游戏当中的使命进而获得"至高无上的幸福"。

在许多游戏中，这种幸福应该是可能的，也是（至少在某个版本中）绝对的，因为这种幸福是指标化的、可量化的，亦即科学标准衡量下的幸福。这种衡量呈现的方式有点像幸福指数。单机游戏中最终 BOSS 在规定时间里被击杀，网络游戏中装备等级达到了一个数值，都可以说已经获得了绝对的幸福。虽然关卡有难易之分，网游中所谓的"毕业"也很难达到，但至少从量化标准来看是有固定参照的。

可实际上，这种幸福状态只是一种理想主义的状态，是对幸福最高层级的预想。幸福本身是主观的体验，不是牛顿主义世界观加于其上的纯粹科学框架，更不单单是外在的表象，而是有着十分丰富的内涵。换句话说，它并不是被某些数据或者指标"预设"或者"测算"出来，而是由现实因素"建构"而成，因此幸福并不能被简单归结为一些刻板的计量单位。

三、游戏玩家与相对幸福

黑格尔曾经提到对于幸福的看法，他说："幸福是内容的仅仅被表象的、抽象的普遍性，这种普遍性只是应当存在的。"[①] 幸福的概念是外在的、客观的，但具体的标准和表现却是内在的、主观的。既然绝对的幸福仅存在于理论中，那么当我们将概念的幸福拉回到现实中时，就会发现真正的幸福是"扰动"着的。游戏角色最终成功与否，对玩家幸福心理仅有短暂的作用，真正的幸福是一种不断扰动的游戏体验。游戏圈有句老话：满级是游戏的开始。不妨在这句话后再加一句："毕业"则是空虚的开始。幸福的契机在于可能性。满级之后可以挑战更高的关卡，探索更多的未知，但当所有的

---

① ［德］黑格尔. 精神哲学［M］. 杨祖陶，译. 北京：人民出版社，2006：306.

可能都已经完成，游戏角色获得最终幸福了，玩家的空虚就开始了。试想一下，当我们登录到游戏中，总有需要做的事情，总有要挑战的关卡，这对于我们来说是有着幸福的期待的，因为我们面对的是各种各样的"可能性"；当我们进入游戏之后觉得无事可做了，我们的装备是最好的，竞技场等级是最高的，有花不完的金币，专业和技能也都已经修满，这个时候所谓的幸福也就随着可能性的消失而不复存在了。这也解释了为什么众多游戏厂商挖空心思想着如何让某个版本的游戏内容尽可能丰富一点。在这里，目的和手段与前面相比发生了一些变化：原本属于游戏角色获得幸福手段的扰动中，在游戏玩家这里却成了幸福的目的本身；原本对于角色而言绝对的、至高无上的幸福，在玩家这里则成了短暂的、相对的幸福。

可以从不同视角来探讨扰动对幸福的影响，进而解释其中的原理。对于玩家来说，电子游戏是将这种"幸福的扰动"持续化的过程。如简·麦戈尼格尔所说，我们通过一些可以衡量的、自成目的的活动来激活体内的神经化学物质和生理感觉，触发迷走神经，进而让我们感到胸腔或喉咙里有情绪在"激荡"。[①] 从积极心理学的角度来看，这属于一种自成目的的内在奖励，而电子游戏恰恰可以提供这种内在奖励。内在奖励和外在奖励不同，后者更加强调外在事物对于获取幸

---

① ［美］简·麦戈尼格尔. 游戏改变世界 [M]. 闾佳，译. 北京：北京联合出版公司，2016：48-49.

福感的作用，如金钱、职称、名誉、社会地位等，人们一旦获得了这种短期的目标，便会获得一种幸福感。但这种幸福感并不会持久，当人们逐渐习惯了这种变化，幸福感就会逐渐消失。古罗马哲人波爱修斯曾经说过："我的确明白了财富不能带来满足，王权不能带来力量，职位不能带来尊敬，荣誉不能带来名声，享乐不能带来欢愉。"① 抛开波爱修斯对"不经判断"且"经不起推敲"的"流于世俗的喜好"的蔑视不谈，外在奖励具有同质化特征，我们往往追求的是同样的财富，类似的社会地位等，而内在奖励则不同，它是一种源自内心的价值体验，可以通过自身认为有意义却有难度的艰苦工作来获得，难能可贵的是，这种体验本身是因人而异的。

巴迪欧曾经提到："谁不知道真实的幸福是无法计算的？"② 从现实层面来看，最终的"绝对幸福"的达成无比艰难，"相对幸福"的获得却并非总是依赖计量式的参照，对于游戏玩家尤其如此。绝大多数游戏爱好者并不追求游戏可以给生活带来金钱或者地位，很多人甚至并不认为游戏会给现实的生活带来什么实质性的改变，然而源于游戏的自我激励确实可以作用于现实生活。游戏的这种"无目的"而又"合目的"的特性，不仅会让人们认识到幸福，更会给人们的生

① ［古罗马］波爱修斯 . 哲学的慰藉 [M]. 贺国坤，译 . 北京：北京联合出版公司，2018：97.

② ［法］阿兰·巴迪欧 . 真实幸福的形而上学 [M]. 刘云虹，译 . 南京：南京大学出版社，2023：21.

活带来实实在在的幸福感。对于游戏玩家来说，他们对于幸福的理解存在于一次次小的"扰动"中：完成一次任务，通过一个关卡，获得一次次"实实在在的情绪奖励"……① 这同时也解释了为什么在许多角色扮演类游戏中玩家经常倾向于尝试拥有不同职业、技能和副业的角色，在足球、篮球等体育竞技类游戏中让风格特点迥然相异的运动员上阵，在《反恐精英》中换用各式各样的武器，在《跑跑卡丁车》中驾驶从外貌到功能都大相径庭的赛车……这些"不同"带来的新奇成为"扰动"的源头。可以看出，游戏和所谓"扰动着的幸福"有着很大的契合度，可以让我们在获得幸福感的同时理解幸福。

四、幸福需要欢愉，但仍需要痛苦

然而通过对于幸福"扰动"的分析可以看出，这种"扰动"是一个中性词，它并不总能够带来欢愉。换句话说，幸福并不是一个"永乐之地"，其中亦存在着一种和快乐、愉悦格格不入的"断裂感"。质言之，幸福当中并不全是无痛的欢愉，痛苦一直以来都是幸福的一部分。

认识幸福与痛苦两者的关系，还需要回到对幸福问题本身的探讨。古往今来许多思想家都对幸福进行过论述，核心议题是"什么是幸福"，对"如何得到幸福"也有探讨。雅典

① ［美］简·麦戈尼格尔. 游戏改变世界［M］. 闾佳，译. 北京：北京联合出版公司，2016：64.

政治家梭伦出于社会改革的目的，对物质与幸福之间的关系进行了探讨；"原子论"的提出者、古希腊哲学家德谟克利特认为，幸福不仅产生于好运和外在的偶发事件，还和人的思想有关；从苏格拉底、柏拉图到亚里士多德，幸福逐渐和美、善产生了关联，幸福就是"拥有那些最为宝贵的事物"；昔兰尼学派强调身体的享乐，将快乐视为目的；伊壁鸠鲁认为幸福应当是身体没有痛苦，灵魂也没有烦恼的一种状态，他注意到幸福本身与获得幸福方式之间的差异……

从古至今，对于幸福的讨论都没有中断，"幸福"问题也一直在主观与客观、"完美"与"愉悦"两极之间摇摆。在科学主义的影响下，近年来比较流行的"幸福方程式"是由诺贝尔经济学奖得主保罗·萨缪尔森提出的，他把幸福视为一个经济问题进行探讨。在他看来，"个人幸福 = 物质财货 / 消费欲望"，可以把这个方程式简化为"幸福 = 效用 / 欲望"。[①]从控制变量的角度来说，欲望不变时，个人幸福和物质财货成正比，在当下，物质的丰富程度直接影响着个人幸福；当物质财货不变时，个人幸福和欲望成反比，如在一些物质匮乏的时代，人们并没有感到不幸，这是因为人们的消费欲望和需求不高；从增速上看，如果物质财货的增速小于欲望的增速，人们的幸福感通常不高，反之，人们就会获得较高的幸福感。又有科学家在调研后提出"幸福 =P + (5×E) +

---

① 梁小民. 西方经济学基础教程 [M]. 北京：北京大学出版社，2003：4.

(3×H)"，其中 P 代表个性，如世界观；E 代表个人的生存状况；H 则代表更高层次的需要……塔氏在《幸福分析》中也曾提到一个"公式"，H=F1,F2,F3……这个等式在形式上似乎和前面谈到的等式没有什么区别，但仔细观察就会发现：这个等式的等号右边全都是"逗号"，且没有详细说明这些 F 代表什么。尽管塔氏在书中对影响幸福的要素进行了比较全面的分析，但省略号的出现意味着这种探讨似乎永远无法穷尽。这无疑给我们理解幸福提供了新的视角：影响幸福的因素很多，在这诸多要素中，幸福并没有回避痛苦，而是对包括痛苦在内的诸多要素抱有一种开放和接纳的态度。

对于电子游戏中幸福要素的探讨，幸福与痛苦的关系同样是难以回避的。游戏的确能够让人们通过胜利获得幸福体验，可在胜利的背后则是一次次失败的尝试。人们的确可以通过存档等方式规避失败带来的时间损失，却没有办法从根本上避免失败时实实在在体会到的沮丧甚至痛苦。杰斯珀·尤尔研究了游戏当中的挫败感，将失败认定为是"对人类行为的矛盾观察的哲学悖论，这一悖论源于我们在避免失败的直接愿望和追求包括失败在内的体验的长期愿望之间挣扎的方式"。[①] 这个观点放到"幸福辩证法"中同样适用：我们避免（包括失败带来的）痛苦，没有谁想生活在痛苦当中，如果问一个人是否愿意在某个特定时刻接受痛苦，那他肯定会断然

---

① [丹]杰斯珀·尤尔.失败的艺术：探索电子游戏中的挫败感[M].杨子杼，杨建明，译.北京：北京理工大学出版社，2019：53.

拒绝——这是人们的直接愿望，看上去是十分合理的；然而这也仅仅是愿望，没有人能逃脱痛苦，即便是很小的痛苦，我们根本没有办法预测会在什么时候痛苦，因此也不得不接受幸福当中必然存在痛苦这一事实。当下"人们对痛苦的忍受度迅速下降"，[①]电子游戏所带来的幸福"扰动"的完整意义或许就在于，从表面上看游戏是让人感到喜悦的，但这种喜悦是建立在一次次失败的尝试以及由此产生的痛苦体验的基础之上的。斯科特·威姆斯对"笑"这一行为和幽默感进行了分析，认为新颖的解答是在信息冲突中产生的，而笑则源于"克服困惑"和"想到解答"之后获得的愉悦。[②]困惑、痛苦和愉悦、幸福，许多看似对立的体验并不是非此即彼的。"痛苦承载着幸福，使幸福长久"，[③]通过电子游戏所体验到的愉悦和痛苦同时构成了幸福的协奏。从这个角度来看，游戏亦加深了我们对现实幸福的理解。

余论

"幸福辩证法"还延伸出许多问题，这里粗略谈一些。我们一直以"游戏是否好玩"作为研究的一个重要命题。换句话说，只要做游戏研究，就无法绕开游戏的娱乐性，以及它

---

① [德]韩炳哲.妥协社会[M].吴琼，译.北京：中信出版社，2023：1.
② [美]斯科特·威姆斯.笑的科学[M].刘书维，译.北京：生活·读书·新知三联书店，2017：5.
③ [德]韩炳哲.妥协社会[M].吴琼，译.北京：中信出版社，2023：15.

给我们带来的愉悦程度。但有学者敏锐地看出了其中存在的问题，那就是如果游戏仅仅在这样一个层面延展开，那就没有再深入研究的必要了："我们称赞'好玩'，但我们不可能只沉溺于'好玩'，一旦心灵得到机会，我们不可能不继续向上。"①这种"向上"实际上有丰富的内涵，心灵不可能满足简单的娱乐或者享乐，而自觉地有着更高的追求。我们现在感觉到电子游戏主要是单纯娱乐，是因为我们对游戏习焉不察，我们对于快乐的单一向度的追求遮蔽了心灵渴望不断"向上"、不断"超越"的追求，这种追求主要体现在"知""情""意"三方面。这就需要从一个更高的维度来审视游戏，观察到游戏在不断为玩家在这三个方面的"向上"提供着契机。知识层面的"向上"主要是指知识获取的进路在游戏中丰富起来，这个问题笔者将另撰文论述；美学层面的"向上"指的是游戏中审美的超越，笔者在先前的拙作中已经提到这个问题，认为作为艺术的游戏中存在的审美要素，让玩家面对的不仅是一段干巴巴的数据，更是一种特殊的电子"意象"，在见出意象的同时见出自己，从而达成一种审美层面的超越。伦理层面的"向上"是一种心灵维度的超越，集中体现在游戏当中体现的伦理关切已经溢出了游戏，进入到了生活当中。这种伦理关切似乎是从电子游戏诞生之初就具备的、与现实生活之间存在着的重要纽带。"鱼别丢"让我们在人与人的互相

---

① 孔德罡．现代神话修辞术[M]．桂林：漓江出版社，2023：411.

帮助中得到温暖，"铜须门"让我们思考现实与虚拟世界的伦理张力；对网游中存在的外挂的厌恶则是我们对现实中弄虚作假行为深恶痛绝的投射……生活中的观念会影响我们对电子游戏的认识，电子游戏中的体验也会同时改变着我们对现实问题的认知，电子游戏不仅仅能给我们带来关于"幸福"的启示，它更可以为我们提供更多看待问题的方式。如此说来，游戏中存在的"幸福辩证法"似乎成为一种"生活辩证法"，为认识、体悟、经验生活世界提供更多的可能。

第二节　电子游戏与成长

"成长"是心理学中十分重要的概念，是生活的理想态度，也是一种合适的生活方式。但遗憾的是，很多人依然停留在一个固有的状态，长不大或不想长大。心理学层面的"父母状态""儿童状态"和"成人状态"对应着三种不同的心理特点："儿童状态"缅怀过去，"父母状态"独断专行，"成人状态"有着独立思考、吸收新知识和创新的能力。在这三种状态中，"成人状态"是理想的状态，亦是人们成长的标志。苏珊·奈曼曾说，"我们不能命令别人变得成熟，它必须是人们发自内心的渴望"。[①] 革新认识、培养审美固然可以影响我们的生活方式，"成长"却会令我们的生活方式发生实实在在的、

---

① [美] 苏珊·奈曼. 为什么长大 [M]. 刘建芳，译. 上海：上海文艺出版社，2020：194.

根本性的改变。

总的来说，长大就是从服从到独立，慢慢知道你自己是谁、想要什么、能做些什么，知道你在这个世界上处于什么地位。[①] 这是一个非常全面的定义，"从服从到独立"意味着个体的独立人格从萌芽、发展到成熟的过程；"自己是谁"意味着回答那条刻在希腊圣城德尔斐神殿上的古老箴言——"认识你自己"；"想要什么"涉及到欲望的满足和对自己未来的规划；而"能做什么"不仅是道德法律层面的外部约束，以及自身潜能的激发，更有对自己内心的绝对律令的要求。与此同时"知道自己在世界上处于什么地位"则是人们常说的要"找准定位"。可以看出，"成长"一方面是一个过程，指的是人从不成熟到成熟，从依赖服从到独立自主的过程，另一方面还是一个结果，是人在成熟过程中的理想状态。

当下，人们接触的事物和先前大不相同，数字网络、电子游戏等成为成长过程中不可或缺的一部分。可以说对电子游戏的了解为对时下年轻人的了解提供了助益。而电子游戏也以自身的方式，通过强化自我认同、鼓励面对未知和增强责任感，帮助人们完成了"成长"的蜕变。

一、成长与自我认同

电子游戏可以令玩家在游戏中见出自己，获得对自我的

---

① 姜宇辉. 哲学的好奇：世界是真的吗 [M]. 北京：北京科学技术出版社，2023:111.

认同，进而获得成长。

马克思在《1944 年经济学哲学手稿》中明确指出，人与动物最大的不同在于，动物"只生产它自己或它的幼仔所直接需要的东西"，人却可以"使自己的生命活动本身变成自己的意志和意识的对象"。① 梅亚苏在《有限性之后》则提到，"仅仅在自我与世界相对的那一刻，自我才拥有了作为自我的意义，世界正是展现在那个自我面前"。② 当我们体验游戏，特别是角色扮演类游戏时，是否思考过这样的问题：游戏中的角色是谁？首先，它是一段数据，进一步说它是通过技术对数据进行加工之后的图像。其次，他是玩家，数据没有玩家的选择和操控，从根本上来说是没有意义的，如同文艺作品如果不被欣赏和解读就没有意义一样。在电子游戏中，存在着玩家和角色的互动，玩家和玩家的互动，如果从技术层面来看还有角色与角色的互动。如松本健太郎所说，"游戏将使玩家成为虚构世界里的当事人"。③ 如此看来，玩家面对的世界，既是游戏的世界，也是他人的世界，同时也是自我的世界。

自我认同的一个大敌就是"孤独"，"孤独 - 焦虑 - 自我认

① 卡尔·马克思、弗里德里希·恩格斯. 马克思恩格斯全集（第 42 卷）[M]. 中共中央马克思恩格斯列宁斯大林著作编译局，译. 北京：人民出版社，1979：96.

② [法] 甘丹·梅亚苏. 有限性之后——论偶然性的必然性 [M]. 吴燕，译. 郑州：河南大学出版社，2018：14.

③ 邓剑. 探寻游戏王国里的宝藏：日本游戏批评文选 [M]. 上海：上海书店出版社，2020：221.

同的缺乏"是有着密切关联的。对此，弗洛姆的观点值得参考，在他看来，"孤独的经历引起人们焦虑……它是焦虑的来源。孤独意味着被隔断与社会的联系，没有任何能力去行使我们的人权"。他强调："孤独意味着无助，意味着无力主动地把握这个世界——事物和人，意味着这个世界无需我发挥能力并可以侵犯我。所以，孤独是强烈焦虑的来源。"① 当下一部分年轻人的焦虑情绪就是这样产生的，他们并不缺乏陪伴，好像生活也过得很热闹，但他们仍觉得形单影只。因为他们觉得这个世界缺乏一种方式去疗愈这种孤独带来的焦虑感，因而缺乏对自我的认同感。然而，总有一种方式可以舒缓甚至治愈这种焦虑，在弗洛姆看来是爱，而在温尼科特看来则是游戏，在《游戏与现实》一书中，他提出了这样的药方：

　　寻找自体只能来自于不连续的无定型的功能，或者来自于原始的游戏，就好像是处在一个中间地带。只有在这里这种个体人格尚未整合的状态中，我们所说的创造力才会出现……关于无定型的经验，给创造性冲动、动机和感受提供一个机会，所有这些都是游戏的材料。我们不再向内或向外，而是在游戏的基础上体验我们的存在。我们在过渡性现象区域、在主体与客体现象相互交替的观察中体验人生，在个体

---

　　① [美]艾里希·弗洛姆. 爱的艺术 [M]. 刘福堂，译. 上海：上海译文出版社，2019：12.

内部现实和外部共享现实之间的一个中间区域体验人生。①

从焦虑的治疗方式来看游戏有其自身优势，这种方式同时可以让我们反观游戏的特性，给我们以启示，游戏正是处于这样一个中间地带，它激发创造力，让人可以放松，可以作为自我存在的确证。在这里，人们是放松的，是不需要紧张焦虑的，是可以通过创造力来获得自我认同的。

优秀的游戏如同优秀的电影一样，营造的实际上是一种心理氛围，这需要玩家真正参与到游戏当中，在同角色和玩家的互动中找到自己的位置，进而确证自己的存在，这是成长的关键一步。游戏带给人最宝贵的东西往往不是游戏的文本或者是游戏的画面，而是通过玩家的思考，由玩家自己在游戏当中能够真切感受得到的那些东西。《Inside》中，小男孩与人造人的行为对比激发了对"我之存在"和自我意识的思考；《死亡搁浅》里，玩家会在共享设施和装备的同时感到一种情感上的连接和自我价值的实现。在"我的介入"这一问题上，巴里·阿特金斯的观点切中肯綮：玩电子游戏的过程完全取决于询问"倘若……会怎样？"（what if?）这一基础过程，而在这一基础过程之上加入了"我"的能动性，就变成了"倘若我……会怎样"（what if I?）了：对操作界面所带来的可能性的想象，对界面进行实实在在的操作，以及对

---

① [英] 温尼科特. 游戏与现实 [M]. 卢林，汤海鹏，译. 北京：北京大学医学出版社，2016：83.

这些操作所带来的一系列结果的追踪。① 抛开对画面的审美想象需要"我的介入"外，游戏本身就是玩家不断介入的结果。介入的方式有很多，最重要的一环就是"选择"，通过对选择后结果的预测，下决定进行操作，再到结果对玩家心理的影响，"我"的画面逐渐在心中清晰了起来。当然，如前文所说，这种画面清晰的过程就是我们"有意识"地认识自己的过程。

首先，结合到游戏中来，每个人都有自己体验游戏的方式，表现出个人的心理状态和性格特点。《绝地求生》里总是喜欢"苟"到最后的玩家，角色扮演类游戏中有一些玩家并不急于推进剧情，而是在游戏里钓鱼、采药、修炼生产技能……除了这些方式，对于游戏本身的选择和偏好也可以反映出不同玩家的不同性格。但是，如果单从"反映"层面来解释游戏对现实的"模仿"，就使得游戏与玩家的地位变得不平等、不平衡了。游戏当然能够反映玩家的性格，但游戏当中的许多内容也可以影响玩家的性格塑造和自我认同，在他们的成长过程中发挥重要作用。比如，探险类游戏中的开拓精神，大型多人在线角色扮演游戏副本的团队合作等。人的自我认同在这个时候就发挥了双向的作用：一方面玩家面对艰险时的选择可以充分或部分体现对某个事物某些方面的认同，如性格温和的玩家不赞成游戏当中的屠戮行为；另一

① Barry Atkins, "Replicating the Blade Runner." The Blade Runner Experience: The Legacy of a Science Fiction Classic. Ed. Will Brooker. London: Wallflower Press, 2005.

方面游戏中的许多元素，尤其是剧情设置也在或多或少地强化甚至改变着玩家对于自我的认同，在剧情向游戏当中这种情况比比皆是。在这些游戏的体验中，我们经常会发现一些"经典台词"，结合具体剧情，有时是娓娓道来的，有时是激情澎湃的，有时是斗志昂扬的，并且这些台词不是"为了说而说"，而是在大量剧情铺垫之后讲出的。比如，瓦里安·乌瑞恩的那句"和平，亦是最崇高的理想，但要实现理想，你必须为之而战"；地狱咆哮的"兽人永不为奴"；《合金弹头》结尾的那句"战争，请让它永远只存在游戏里"……玩家在看到或听到这些台词或者独白时，不仅情绪会变得激动，台词中所蕴含的精神亦会对玩家造成影响。因为玩家是游戏的参与者，也是创造者，他们在游戏中会寻找到一种意义和价值，而寻找到生命的意义和价值对于自我认同而言是有着巨大作用的、

此外，电子游戏中还存有对真、善、美等人类共同追求以及高尚伦理价值的弘扬，在自我认同的建构中这些一定是不可或缺的。

二、成长与未知

成长需要面对未知。按照霍姆斯的话说，"未知"是一种中间状态，是一种处于"付之阙如"和"过分复杂"两个极端之间的模糊（ambiguity）地带。他认为，"模糊所引发的心理状态被称为'犹疑'或'彷徨'（uncertainty），而这种

心态会'放大'情绪，于是，焦虑会让人更加痛苦，乐趣会令人特别愉快"。① 在成长过程中，未知是一种常态，因为孩童的观念正处于建构当中，他们对一些事情的意义并非完全无知，也并非全然知晓，而是处于"似懂非懂"的状态。相应地，如果不能妥善处理或长期处于这种"模糊的未知"中，就会加剧焦虑，影响人的顺利成长；相反，以妥善的方式使这种"模糊"渐渐清晰并由此获得经验的过程，就是人的成长过程。

观察电子游戏会发现，电子游戏通过不断让玩家处理未知情况助力着人们成长。

人们通常会有一种误区，认为在面对未知情况时，成年人会比儿童处理得好，实际上并不一定。我们之所以这样认为，是因为成年人的成长经验丰富，可以比较从容地利用经验处理一些问题。假设成年人和儿童同时接触一款新游戏，成年人的表现未必会比孩子好，尽管成年人智力发育更完全，生活经验也更足，这是因为他们没有办法依靠曾经的习惯和经验——游戏的体验是全新的。可以说面对游戏，我们就是在面对未知，而成长恰恰需要面对未知的勇气。如此说来，成长与游戏的交集就在于游戏需要解决未知的状况才可以通关，而成长则需要处理好许多从未遇到过的问题。

---

① [美]杰米·霍姆斯. 未知的力量 [M]. 谢孟宗，译. 广州：广东旅游出版社，2019：13.

　　游戏本身就是"玩"出来的。①"玩"之所以有趣，沉浸感、代入感是一方面，另一个重要原因就是游戏会给我们带来新奇的体验。游戏会不断设置挑战，也许这些挑战我们之前从未遇到，而当我们想方设法最终攻克了难关，便会获得一种满足感，以及心理层面的成长。现如今，焦虑情绪是现代人常见的心理问题，焦虑也被认为是成长过程中的最大障碍。人之所以焦虑，多数是源于对未知的恐惧。因此，面对未知有些人会不知所措，遇到事情一些人会畏难、逃避。对此，心理学家卡伦·霍妮指出，"如果这种回避倾向成了一种主要特征，它将使人不敢承担任何风险。不用说，这样的态度必然导致生命的极度贫乏，以及潜能的扭曲。因为，除非环境极其有利，否则，幸福或者任何成就的获得，都必然要承担风险和付出努力"。②电子游戏就可以很好地处理这种焦虑，这不仅是由于"游戏的内容能够让人放松"这种显而易见的原因。在电子游戏中，"玩家必须正确地或者在预先设定的参数下解读、预测回应屏幕上和音场中不断出现的状况"；与此同时，游戏也在"用不同方式和程度提供各种不同结果，回应玩家的各种行为和各种选择"。③玩家从持续的"选择—

---

　　①　[英]戴安娜·卡尔，大卫·白金汉等.电脑游戏：文本、叙事与游戏[M].丛治辰，译.北京：北京大学出版社，2015：70.

　　②　[德]卡伦·霍妮.我们时代的神经症人格[M].郑世彦，译.上海：上海文化出版社，2021：179.

　　③　[美]道格拉斯·布朗，[英]谭雅·克里兹温斯卡.电影-游戏与游戏-电影：走向一种跨媒介的美学[J].范倍，译.电影艺术，2011（03）：100-107.

反馈"中获得了经验，还收获了面对未知敢于做出抉择并承担相应后果的勇气。

更为关键的是，游戏还可以通过发挥本身的艺术功用，提供给人面对未知时的解决方案。在阿兰·德波顿看来，"接触艺术对人很有帮助，原因是艺术能够针对在我们身上引发防卫性厌倦与恐惧的疏离性事物提供鲜明深刻的例子，并且允许我们在私底下慢慢学习如何以更细腻明智的方法解决这些事物"。艺术是一种心理层面的"预演"，因为我们并不是对所有艺术作品在一开始都抱有完全接受的状态。这与玩家在游戏中的情况颇为相似，他们会在游戏中习惯和适应那些让自己感觉到"陌生"的未知状况，克服一开始对游戏（艺术）抵触、防卫的心理状态，"以更加开放的心胸面对我们在特定情境中体验到的陌生感"。①

一款游戏是一段精心设计的学习经历，包括了解决问题的过程。②一款好的电子游戏，其作用类似于一位优秀的老师，会让你在"失败 - 重复"的过程中解决遇到的问题。在游戏中，面对浩渺的未知海域、高耸入云的巨像、"开荒"上百次还没有击败的 BOSS，究竟是放弃退出还是勇敢尝试？如果选择继续前进，我们必须通过不断尝试找到合适的方法，

---

① ［英］阿兰·德波顿，［澳］约翰·阿姆斯特朗. 艺术的慰藉 [M]. 陈信宏，译. 武汉：华中科技大学出版社，2019：52.

② ［美］詹姆斯·保罗·吉. 游戏改变学习：游戏素养、批判性思维与未来教育 [M].孙静，译. 上海：华东师范大学出版社，2020：10.

并毫不犹豫地做出选择。作为个体，我们需要勇气去对抗所有依然抵制成熟的力量。① 电子游戏可以被看作成长的演习。成长中的许多问题和选择都是一过性的，往往没有再次做选择的机会。游戏则不然，我们可以在失败时选择重来，进而吸取过去的经验，也可以尝试不同的通关方式，让自己有更多处理问题的办法。游戏提供给我们的许多思路同样适用于生活。无论是屡败屡战还是谨慎选择，游戏中得到的启发对于我们的成长来说都是大有裨益的。

三、成长与责任

我们在不断地进行选择，如果从时间维度来说，似乎人们时时刻刻都在进行着选择，有时候的选择是出于身体在时空当中形成的惯例，有一些选择则是建立在对结果做的价值判断和推测的基础上。在体验游戏的过程中，我们也会不断地做出选择，最后要面对的实际上是自我选择的结果。面对这种结果带来的影响就是承担责任的表现。从现实的选择到游戏的选择，其中不仅包含着存在主义的意味，还让这种存在主义在现实与虚拟之间产生了细微的差别。提到存在主义，人们了解更多的是海德格尔对"存在者之存在"的探寻，是萨特的"存在先于本质"，是加缪对于"荒谬"世界的反抗……值得注意的是以赛亚·伯林对于存在主义的概括：我

---

① ［美］苏珊·奈曼 . 为什么长大 [M]. 刘建芳，译 . 上海：上海文艺出版社，2020：231.

做某事，因为我选择了这种生存方式。我不是由任何事物创造的；我做某事，不是因为那是一种我必须遵守的客观秩序，或者因为我必须遵守某些普遍准则，我做这件事情，因为我确实创造了自己的生活，我就是我，我给自己指明方向，我对自己负责。①

成长需要承担责任，我们并非封闭在自己的世界当中，人活于世，必然与周遭世界的其他主体发生着关联。从个体的角度来说，个人的选择与他人无关，而从主体间性的角度来看，人一旦与群体发生关系，其选择不仅会对自己产生影响，也会对他人造成影响，反之亦然。《死亡搁浅》中，我们会在游戏中留下自己的痕迹，但有些东西却会对他人的通关之路造成影响，如同在弹尽粮绝的时候看到补给，这是最让人感到兴奋的，在游戏过程中做出的选择不仅影响了自己，也助益了他人。在线上角色扮演游戏中，我们通常会进入到副本世界，这是一个由少测三五人，多至数十人形成的团队，他们的目标就是通过击败不同属性的 Boss 获得装备，取得成就。且不说"成就了自己也就成就了他人"这样的话，我们都经历过因为自己一个极小的失误造成了团灭的后果。我们为自己犯的错误懊恼，即便队友不指责，身为团队一员的我们也会因为通关过程被自己"搞砸了"而倍感歉疚。

人生是一过性的，许多选择没有回头的余地，更没有反

① [英] 以赛亚·伯林. 观念的力量 [M]. 胡自信，魏钊凌，译. 南京：译林出版社，2019：15.

悔的可能，需要我们相应承担的责任和面对的后果是十分沉重甚至痛苦的。"要是当时如何，该多好"，"我当初这样选择，结果可能会不同"……这样的冀望在现实中难以达成，在游戏中却并非不可能。通过存档，我们可以纠正自己犯过的错误，这给予了玩家重复体验游戏乐趣的机会，减少了玩家因无法存档而导致前功尽弃的风险，也更加强化了选择之后需要承担责任的意识。

同时，这种选择后的承担并不仅仅是个人责任的承担。《使命召唤》最后的那句话现在听来依然振聋发聩：人类必须要结束战争，否则战争必定将结束人类。电子游戏中有对战争的思考，有对人类命运和未来发展走向的感悟。对于游戏爱好者来说，席德·梅尔（Sid Meier）的名字应该不会陌生，这位来自加拿大的电脑游戏设计师开发出的《铁路大亨》系列、《文明》系列，以及《盖茨堡》等游戏可玩性极高，《文明》系列更是奠定了他游戏大师的地位。他曾经说过，"一款好的游戏应该是一系列有趣的选择"。体验过游戏《文明》的玩家应该都明白他说这句话的意图，在《文明》中，玩家需要扮演不同世界文明的领袖，经历从文明发展初期到未来时代的过程，几乎无时无刻不在做出选择。玩家所扮演的角色并不是寂寂无名的人，而是对文明发展有着举足轻重影响的领袖，他的任何一个举动都会对文明发展产生影响。一个最极端的例子是，玩家选择了一块土地，踌躇满志地想要发展自己的文明，但自然灾害的发生让这片土地上的文明瞬间土崩瓦解，虽然这是偶发因素，但玩家会认为这是他们选择的"后果"。当然更加常见的是，玩家通过苦心经营建立起了一个政治、经济、军事和科技都高度发达的文明帝国。所有这些都让玩家的责任感溢出到个体之外，上升到了整个人类的发展和进步层面，即便这只是一种"感觉"上的责任。

四、成长与情感生成

近些年，在对文艺的理解与批评领域出现了一种"情动"的转向，文艺作品不是某种理念的分有，不是对某个事物的简单模仿，亦非一种存在于意识之内的模型，在文艺作品中存在着情感的流变。在对文艺作品的欣赏中，一般的观点是文艺能够给人以心灵层面的触动，这种触动包括理性的和非理性的。但是电子游戏不止如此，它似乎用对人情感的激发来弥合了心灵和身体之间的区分。情感的生成需要身心共同的作用，电子游戏提供了这样一种模式——它需要身体和心灵的高度协同，或者说它更需要身心的共同协作。主体为电子游戏所感触，形成了情感，情感源于身心，又同时作用于人的身心。游戏当中本身蕴含着情动的潜能，之所以说它蕴含着情动，是因为它作为作品承接着设计者的体验和情感表达，而之所以谈到潜能，是因为它需要玩家的介入，设计者的情感表达和玩家的介入，游戏就无法成为游戏，而仅仅是一段毫无意义的数据。那么，电子游戏在成长过程中发挥的作用就在于，游戏可以让孩子获得真实的情感体验，即产生

"情动"，正确认识游戏当中的情感，并对这种情感体验加以引导，孩子便能通过游戏获得情感和情绪上的成熟，这是成长所必须具备的品质。

有研究者指出，电子游戏可以作为一种情绪调味品，能有效地调节情绪感受，并且缓解压力。游戏中存在的宏大叙事会让人内心悸动，因此那些充满美感和叙事性强的作品一直都是玩家的最爱。"好玩的游戏一定是能激活玩家情绪、情感的游戏，而优质的游戏也会通过激发孩子的情绪感受，帮助孩子更好地收获多样化的情绪体验，甚至排解压力。"①成长不是孩子一个人的事情，在助力孩子成长的诸多要素中，父母的作用是永远不可替代的，要抓住游戏情动这个特征进行情感教育，注意游戏营造的环境氛围，和孩子共同体会游戏中那些激发情感的要素，合理引导负面情绪，关注他们在面对困境时的心理状态，用不同于意义灌输和动辄打骂的情感教育来助力孩子成长，在这一点上，相信伴随游戏成长起来的父母应该会做得更好。

余论

如前文所说，成长需要自我认同，处理好遇到的未知状况，并通过不断选择形成责任感，尽管这三个方面是分开来谈的，但实际上是相互关联的：人们总要在不断面对未知的

---

① 叶壮. 边游戏，边成长：科学管理，让电子游戏为孩子助力 [M]. 北京：机械工业出版社，2020：40-41.

情况下做出抉择，承担责任，最终形成自我认同，收获成长，这一切都需要在稳定的情绪与情感支撑之下才能完成。在阿兰·德波顿看来，艺术能够对人们的心理缺陷加以矫正，它可以"矫正记忆的缺陷，散播希望，呈现有尊严的哀愁，协助我们取得平衡，引导我们认识自我，扩展我们的经验，唤醒麻木的心灵"。[①]成长，需要我们以一种更加宽容、开放的态度面对这个世界，以一种更加平和、宁静的态度对待自己的内心，艺术可以在这一过程中起到情绪上的增进和疗愈作用，而作为艺术的电子游戏亦可以为成长提供有益的助力。

第三节　"你相信爱情吗？"——浅谈电子游戏与真爱体验

前面谈到了电子游戏中的"幸福辩证法"。本节想进一步谈谈另一个和幸福十分相关的主题——爱。首先我必须要承认，自己没有资格说懂什么是爱，更无法给爱下定义。其实，古往今来的许多思想家也都在努力做这件事情，姑且没有定论。因为对爱的定义既是理论问题，也是实践问题。我只能说，自己在追求爱，我们都在路上。

一、"你，爱吗？"

生活中我们问一个人喜欢的事情，总会问他"你爱做什

---

① [英]阿兰·德波顿，[澳]约翰·阿姆斯特朗.艺术的慰藉[M].陈信宏，译.武汉：华中科技大学出版社，2019：64.

么？"得到的一般是"我爱吃""我爱旅游""我爱看书"诸如此类的回答。在一个人的成长过程中常常会受到亲人们的关爱，这当然也是一种爱，这种爱是建立在血亲基础上的"顺理成章"的爱。但有一天，我们会遇见那个和我们先前的生命轨迹毫无瓜葛的人，我们会和那个人逐渐亲密，然后我们会说出那句看似和回答"你爱做什么"在语言结构上非常接近但在实际意义上却截然不同的一句话：我爱你。

如果从思辨的角度来看，这个"你"可以是一个"存在"，可以是一个"他者"。但在这个时候，无论我们用多么哲学或者伦理学的术语来解释这里的"你"，似乎都不如"你我在一起"这句话的形式，它是如此简单，不需要额外论证，但又振聋发聩。

很多人应该都有过爱的体验和感觉，对于爱情也有着美好的向往，但是在当下的日常生活中人们似乎没有多少爱的机会，也没有什么事物能够作为激发爱情的契机而存在。但是对于游戏玩家来说却不是这样，他们经常可以在游戏中看到不同表现的爱。《魔兽世界》中，除了玛法里奥、泰兰德和伊利丹三人的情感纠葛，还有阿尔萨斯和吉安娜之间的情愫，以及赤脊山卫兵帕克和达西贯穿数个版本的长时段爱情；《刺客信条：起源》里的贝耶克和艾亚那看上去并不愉悦却在具体语境中显得合理且真实的感情；《寂静岭2》中玛丽和詹姆斯那跨越生死的对于爱情的思考……玩家通过游戏中大量的剧情铺垫和情感叙事明白了爱的含义。他们不仅在游戏中明白了对于游戏人物来说爱是什么，不同表现的爱也形塑了玩家对于爱情的观念。那么爱有哪些可能的面向，它们在游戏中又是如何体现的呢？

二、爱是需要持续学习的经验

吴冠军教授在《后人类纪的共同生活》中谈到，真正的爱，是对困难阻碍持续的、甚至苦痛的胜利。[①] 这其中讲明了爱的辩证。的确，爱需要"不断"战胜困难，在爱的过程中轻言放弃的不会是真爱。但真爱会让人苦痛，即便你在爱中觉得自己是个赢家，即便最终我们会觉得自己已经通过爱获得了幸福。过去我们说"痛并快乐着"，电子游戏让我们懂得"痛并爱着"。关键是，这前面是用"持续"来加以修饰的——爱是一个持续的过程。

许多电影中都会看到一个人对另一个人说"爱"，如《泰坦尼克号》中的杰克和罗丝，《超凡蜘蛛侠》中的彼得和格温……说"我爱你"只是一瞬间的事，但实际上这句话是经过深思熟虑和大量铺垫之后才说出的。男女主人公从最初的相识、相知到最后的相爱，可能会历经磨难才懂得爱的真谛，这个时候说出的"我爱你"会直接让情感升华。当然也有不明确说出"我爱你"这三个字而用其他辞藻来表达爱，甚至不用言语仅用行动就能让对方知道自己的爱意。表达爱的方

---

① 吴冠军. 后人类纪的共同生活 [M]. 上海：上海文艺出版社，2018：51.

式很多，但如果找一个共同点，那就是所有的爱都是一个要经历和感悟的过程。爱情并不排除一见钟情，无论是在影视作品还是现实生活中"一见钟情"的情况不是没有，但无论是从心理接受来说还是感情规律来说，即便是"一见"而生的情愫也需要时间去"保鲜"，去"证伪"。更何况，从基本的"常识"来看，日久生情也许比一见钟情的情况更普遍。试想，在生活中，一个人刚认识另外一个人，如果互相都不了解，一上来就和对方说"我喜欢你"或者"我爱你"，对方作何感想？更多是被吓一跳，觉得唐突。影视作品中，男主角即使对女主角真的是一见钟情，也会思考再三，瞅准时机再去表白，而不是一上来就大喊着"我爱你"冲向对方。这么编排当然是出于文艺作品的艺术效果和叙事逻辑，但实际上这种设计更是出于对生活逻辑的遵循，或者说对生活当中爱的逻辑的遵循——爱应当是持续进行时。

在 2009 年上映的电影《时间旅行者的妻子》中，亨利对克莱尔说："就好像重力一般，事件吸引着，将人拉了回去（It's like gravity. Big events pull you in）。"齐泽克也将爱视为一个"事件"。在他看来，我们之所以相信，首先是出于对这个事件的信仰，而不是出于事件背后的理由。"我并非出于某些具体的理由才爱上她——相反，恰恰是因为我爱上了她，她的嘴唇和笑容才显得如此打动我的新鲜。这也正是爱情也具有事件性的原因。"① 在谈到"爱"这个主题时，齐泽克说，"在恋爱中，一种绝对性的干预打乱了日常事务的节奏：这倒不是说，所有价值的标准被彻底颠倒——相反，这种扰乱更加激进，因为在恋爱中，一个全新的维度在另一个生存层面上进入了我们的生存图景"。② 在这些关于"爱"的论述当中，他常使用的词有"新维度""激烈""创伤""偶然""例外"和"无计划"……事件同样有着"奇迹"的属性，这看似是转瞬即逝的，但这些转瞬即逝的珍贵绝不是架空现实的，而是在现实的时间之流当中发生的。塔塔尔凯维奇曾经将艺术史比作一条长河，而长河当中的那些"旋涡"就是那些意义非凡的艺术"事件"，这个比喻很精当，一方面突出了事件的偶发性和创造性，另一方面也将其放置在了广阔的语境当中。爱的事件会在我们的体会中形成旋涡，在我们的内心掀起波澜，为平淡的生活注入新鲜、新奇的元素，可正如笔者在之前的《幸福辩证法》一节所谈到的，至高无上的幸福当然是一种理想，但真实的幸福却是一次又一次包括痛苦在内的"扰动"，对于爱而言，谁不想获得"真爱"？但对真爱的追求应该只有在现实的一次次"激发"中才能实现。"爱并不是要让我们逃离到某个没有社会差别的理想浪漫之地，这与爱毫不

---

① [斯洛文尼亚] 斯拉沃热·齐泽克. 事件 [M]. 王帅，译. 上海：上海文艺出版社，2017：3-4.

② [斯洛文尼亚] 斯拉沃热·齐泽克. 事件 [M]. 王帅，译. 上海：上海文艺出版社，2017：93-94.

相关。"① 同时，"它是在我们经验之流中所呈现的东西。"② 经验的形成需要时间，爱也如此。

与将爱视为持续的经验相反，许多人仅仅将爱视为一种快感，而不知道爱其实也需要去学习。③ 快感当然是短暂的，学习则是长时段的经验形成的过程。爱不仅仅代表被人们喜爱，拥有性吸引力，它更多是一种具有主体性的能力。我们说"我爱你"，不仅是我们一般认为的，爱就是"我要去爱，我能去爱"，或者"人人都能爱"这么简单，这种理解下的爱更多的是一种由于寂寞和空虚长期占据而爆发的激情，当激情褪去，残留下的只能复归于空虚——所谓的瞬间即永恒最终往往草草收场。爱应该是"我要学着去爱"，学习当然不是一蹴而就的事情。在电子游戏的情感叙事中，我们会发现游戏对于爱情的言说往往是谨慎且具有建构性和实践性的，它一般都是一步一个脚印去形成对于爱情的理解，最后通过一些关键的事件呈现出来：林月如对李逍遥的爱在平时的点滴当中，这些日积月累的爱在面对绝境将逍遥和灵儿推开时集中体现了出来。在体验人物的喜怒哀乐，与游戏中的爱形成共情的过程中，玩家慢慢地懂得了什么是爱。与此同时，爱

---

① [斯洛文尼亚] 斯拉沃热·齐泽克. 事件 [M]. 王帅，译. 上海：上海文艺出版社，2017：103.

② [斯洛文尼亚] 斯拉沃热·齐泽克. 事件 [M]. 王帅，译. 上海：上海文艺出版社，2017：104.

③ [美] 艾里希·弗洛姆. 爱的艺术 [M]. 刘福堂，译. 上海：上海译文出版社，2019：3.

作为一种主体能力，也可以在游戏中去感受和培养。游戏让我们去玩、去看、去体会，同时也让我们去爱。弗洛姆认为，爱不应被对象化，对象化了的爱会让人丧失爱的主动性，人人都认为爱就是找到"爱的另一半"，找到之后就觉得自己获得了真爱，而如果出现爱情的破碎，那问题必定出在对方身上。电子游戏之所以能够帮助玩家认识到爱是自己具有的能力，是因为它在一定程度上把爱的对象事先屏蔽了，它需要玩家去游戏中慢慢寻找，在感受剧情的过程中去体会和领悟。游戏不缺乏表达情与爱的话语和主题，有的很直接，有的很隐晦，可不管以哪种形式，它都是一种充盈着的情感流动。学习爱的过程就是主体性不断得到确证的过程，游戏把爱的主体性的建构返回给主体的同时，还会让玩家进一步反思爱的主体性问题，以及究竟如何去爱。

三、爱是"适度"的关系

顺着主体性的问题向下延伸，我们发现爱是一种需要恰当处理的"合适"关系。爱不是商品，不是我得到了这个商品，它的外貌、功能令我满意。爱是主动的反应，是我感觉我得到了爱，我要努力做点什么让爱就在我身边并且保持住。如曼库索所说，"后续的恋爱过程还需要灵魂和精神的参与"。进一步来说是灵魂和精神自由的参与。爱不是迷恋和引诱，而是一种人与人之间的平衡，我照顾自己，你也要照顾你，我们互相照顾，这几个方面缺一不可。这就需要我们懂得如何以一种合适的态度对待爱。在爱的过程中，双方的主体性没有高低之分。质言之，爱是一种主体性的平衡，这种平衡是一种趋势，一种动态的趋势。为什么我们爱游戏，是因为游戏正在尝试建立这种主体性上的平等，我们对于游戏的爱是我们主体性的确证：游戏让玩家平等地产生相似的情感，同时这种情感又需要玩家自己去体会。媒体人雅克·埃诺在21世纪初写就的《电子游戏》一书结尾提出了一个疑问：明天的生活可能就像是游戏？而游戏无外乎复制人类心灵的复杂历程。那么，它的魅力在什么地方呢？[①] 游戏发展到元宇宙时代，在进行着拟真的同时也在进行着越来越多的情感设计，那么这个设问与前提似乎可以换一种表达方式了：正是由于游戏将人类的复杂心灵表现了出来，因此有魅力，且这种魅力是一种艺术的魅力，足以让人爱上。这也解释了玩家之间谈到游戏总会有共同语言——他们共同爱着一个事物。通过一款游戏最终走到一起的情侣则更加极致地确证了这种平衡而适度的爱，这里的顺序是，因为玩同一款游戏，所以走到了一起，而不是走到一起之后共同玩游戏。通过虚拟的网络产生真实的爱，把自己的终身大事托付给游戏，这听起来实在有点匪夷所思，但通过游戏所产生的情感不仅是真实的，而且是可以沟通的，爱也一样。

一些人会将对电子游戏的爱和沉迷画上等号，仿佛一听

---

① [法]雅克·埃诺.电子游戏[M].马彦华,译.成都：四川文艺出版社，2004：150.

到有人说"我爱玩游戏"就将其视为"网瘾人士",实际上爱与沉迷是格格不入的。爱虽然有非理性的一面,让人感觉到短暂的沉浸——这可能是迈向真爱的一个步骤,但真爱绝非沉迷。电子游戏会让我们沉浸甚至沉迷其间,但沉迷、疯狂以致于失去自我的状态难道会是爱吗?真爱当中存有的理性与非理性的成分各有其作用,理性让人在爱中不至于过分疯狂迷失自己,非理性则能让人体会到一种前所未有的感性的情感,这一部分理性不太容易涉足。二者互相协调,互为补充,意味着在正常的爱情当中理性与感性、理性与非理性都不可偏废其一,真正的爱也应该适度。我们或许遇见过这样的事情,一个人疯狂地喜欢另外一个人,今天送玫瑰,明天送手机,为了那个人完全地迷失,稍微有一点思考的人都会明白,这不是爱,我想被喜欢的另一方也不会承认这是爱。当然爱需要表达,需要表白,所谓的多一些少一些或者过犹不及当然是因人而异,在爱情当中短暂地减少理智甚至失去理智也并不鲜见,但如果非理性的激情超过得太多,那必然适得其反,对于爱的施与者和承受者来说,这种爱都是一种巨大的负担。我们反对游戏沉迷,本质上和反对对任何事物过度沉迷是一样的,它的表现是疯狂,结果是让人失去自我,这在什么时候都是不可取的。

现在,人们越来越追求刺激,追求瞬间的感受,并冠之以"爱"的名义,实际上这是将原本全面的爱片面化,甚至肤浅化。长此以往,爱的成本会空前提高,对爱的要求也会越来越高，对于真爱，便会产生许许多多不切实际的幻想。如果这个爱在极短的时间内达不到自己的要求，人们就会变得失望、焦虑、不敢再爱。不久前，一款真人互动影游——《完蛋！我被美女包围了！》在 Steam 平台上一度流行，一时间女主角快速涨粉，关于"赛博爱情"的讨论不绝于耳，同时也有对游戏当中存在的"女性刻板印象"的批评。邓剑就撰文对比了受资本控制的粉丝文化和以玩家为主体的角色文化，并指出了这款游戏中玩家主体性的问题。[1] 他所提到的文化领导权亦可以为情感领导权提供有益的思考。笔者认为，如果觉得自己在这款游戏中找到了久违了的情愫和悸动，这倒没什么可说的。笔者在体验这款游戏的同时尤其关注到，游戏当中有一些选择看似简单，却会由于选择环境以及选择所涉及对象性格等因素的差异而发生和最初预料大相径庭的结果。有一些选择起初认为可能会激怒对方，但结果却是对方非但没有生气，好感度反而增加了，这其中当然有着丰富的情感在起作用。但对于所谓的获得"真爱"，似乎应持有一种谨慎的态度。许多人对自己"选择"的女友抱有的是一种"迷恋"，追求的是一种在"模糊的心理氛围中"的"不和谐，色彩时而火热时而阴暗"的激情状态，[2] 这种状态和恋爱的升

---

① 邓剑.《完蛋！我被美女包围了！》与美少女游戏剧的文法 [OL]. https://www.thepaper.cn/newsDetail_forward_25468981.

② ［意］维托·曼库索 . 爱的小哲学 [M]. 杨姝睿，张密，译 . 北京：中国友谊出版社，2021：40.

华相去甚远，而仅仅是一种对于激情对象的控制欲，它完全以自我为中心，因而谈不上恋爱，更谈不上真爱。"纯粹的爱从根本上体现了对'他者'这一存在的经验。这或许是唯一可行的经验。爱的基本条件是，它要求一个人有勇气消除自我，以便能够发现他者的存在"。① 韩炳哲所说的"自我的不复存在"尽管有些夸张，其中勇气的坚决态度却值得我们反思：在爱中，承认他者的基础，就是要敢于并甘于放弃自我的一些东西，他者才会慢慢现身，过于专注于自我的人难以意识到他者的存在，因而得到的爱是"自以为"的、单一向度的爱。曼库索的观点相对温和，却也展现出真爱当中自我与他者之间持续、稳定关系的必要性："真爱……把自己引向对方，把我们所有的精力都集中到对方身上，这样我们就可以放下冷冰冰的自我，舒展心灵，为我们自己的内心创造一个容纳他人的空间。为了能谈论爱，自我必须被切割，被伤害，被撕裂，然后展开、旋转和拉伸……"②

与此同时，强调爱是一种适度，与爱是持续过程这一观点并不矛盾，因为瞬间短暂的东西很难一下子就做到合适，这两方面反映出：爱需要经过大量的锻炼、尝试和调整，而所谓适度就是需要不断打磨和练习的过程，爱也需要这一过程。此外，爱的适度与持续还共同指向爱情当中的对等与不

---

① ［德］韩炳哲 . 爱欲之死 [M]. 宋娀，译 . 北京：中信出版社，2019：2.
② ［意］维托·曼库索 . 爱的小哲学 [M]. 杨姝睿，张密，译 . 北京：中国友谊出版社，2021：40.

对等问题。

四、爱中的对等与不对等

在《魔兽世界》的亡灵新手村——丧钟镇，玩家会在新兵艾尔雷斯处接到一个名为《玛拉的遗愿》的任务，通过卫兵的描述可以得知：瘟疫爆发之前，玛拉和丈夫塞缪尔在一起生活。瘟疫过后，玛拉逃过一劫，塞缪尔却加入了亡灵天灾军团并将妻子杀害，但玛拉至死都深爱着自己的丈夫，她留下遗愿，希望和丈夫葬在一起，而玩家的任务就是打败塞缪尔并将其遗骸送到墓地，找到玛拉的坟墓一同安葬。由于亡灵天灾本来就是已死之人的实际形态，这里将塞缪尔击败并不存在伦理上的争议，玩家这里执行的并非"变态"或者"畸形"的任务。值得注意的是玛拉并非因爱生恨，即便性命垂危也没有改变对丈夫的爱。她不希望丈夫的肉身被瘟疫折磨，因而才在将死之际留下了遗愿。笔者记得当时有玩家开玩笑说这真是"死了都要爱"，但现在看来对他们二人的情感可能会有更深的解读，毋宁说，玛拉是在爱中寻求着一种平衡，一种生前和死后都要在一起的爱的平衡。

这种爱情中对等与不对等相互转化，不仅是行为上的，更是心理上的。这里谈一谈《寂静岭2》中詹姆斯和玛丽的爱。"对等"与"不对等"这个问题可以说贯穿了整个游戏。在玛丽活着的时候，他们二人的爱显然是很不对等的。詹姆斯处在主动的一方，他无微不至地照顾了爱妻三年，而在心底出现的邪恶声音更是如此，如果他愿意，似乎可以并不是那么困难地就可以将另一半置于死地，这种不对等的能量是如此之大，以致于玛丽由于病重而离开人世之后，詹姆斯甚至认为是自己将玛丽杀死的而陷入了深深的自责。但是这种不对等在他接到玛丽的来信之后反转了，玛丽的来信制造出一种压迫或者反制，将这种生前不对等的主动性从詹姆斯那里转移到了已经死去的玛丽身上。这部游戏之所以这么吸引玩家，不仅是由于剧情、叙事，以及营造出的恐怖氛围，更是由于它激发了人们对于爱情、婚姻和两性关系之间的思考。

"爱"中的确存在着不平等的现象。这种不平等首先来自一种历史的"成见"。如果按照历史主义的态度来看，对于女子的成见在东西方几乎是"根深蒂固"的：柏拉图将女性视为男性获得幸福的工具，亚里士多德对女性"不完善"的偏见，古罗马诗人卡图鲁斯对女性的恶毒评价，封建时期的宗教诅咒；古代东方儒家文化圈对于女性的人身地位历来并不重视，在生理和心理上设置了阻碍女性文明开化的种种手段。从文艺复兴和宗教改革开始，西方女性的地位开始有所改观，叔本华和尼采对于女性的仇视也许是源于个人不甚顺遂的爱情经历，女性主义运动的风起云涌也为男女平等起到了推动作用，近现代社会，男女平等已成为大势所趋。

除了历史维度外，对于爱情的本质，许多思想家都也有过论述，其中有一些关键的问题，其中就包括对于"爱情究竟是对等的还是不对等的"，以及"爱情中的男女关系究竟应该是平等的还是不平等的"等问题的探讨，在康德看来，在爱情中"一方必须服从另一方"，黑格尔则认为在爱中的对象"既不被主导，也不是主导"。这不由地让人想到古希腊哲人苏格拉底和他传言中"剽悍毒辣"的妻子赞西佩（Xantippe，又译克桑蒂贝），大多数人都知道他妻子破口大骂之后将一盆水泼到了苏格拉底身上，后者只是淡定地说："我知道打雷后肯定得下雨。"人们看到的更多的是苏格拉底对于妻子和婚姻生活的包容态度，却忽视了这位比苏格拉底小很多且面容姣好的妻子不论富贵贫贱一直心甘情愿地守在丈夫身边，直到苏格拉底生命的最后一刻还在说"他是我的！"历史的迷雾重重，关于他们二人婚姻的描述却如此真实，它并没有美化任何一方，而是逼真地将情感婚姻的一种"常态"呈现了出来，即便是苏格拉底这样伟大的哲人同样如此。这难道不是许多人婚姻中的正常现象吗？丈夫和妻子有时会因为生活中的一些小事发生争执，但其实在彼此心中还是能够理解对方苦衷并且互相体谅的，而经过一些时间的磨合，夫妻双方在一些本质的原则和问题方面也基本能够达成共识——"他们的重力将围绕一个共同的理想中心"，婚姻生活不就是在不断地"争执-磨合-共识"这样的否定和否定之否定，以及由短暂的不对等和在趋势及大方向中的对等过程中持续着的吗？那么，结合黑格尔是已婚人士的事实，我们似乎更同意黑格尔的说法，即一种跳脱出"二元论"的爱情观。这不仅是出于他的所谓"辩证""否定"的哲学观，或许也源于他本人的爱情观和生活观。

弗洛姆对"爱的艺术"所做的理论向度和实践向度的划分似乎是对上述问题的准确回应。适度的爱是理想的情况，但在现实中，爱的运行仍旧存在着对等与不平等的移动。爱就在理想与现实、绝对与相对、自然与自我的动态发展中建构了属于自身的独特平衡。

余论

有一首歌叫《爱要怎么说出口》，其实爱并不一定非要说出来，它更多的是一种感觉，一种品味之后的情感。爱情一开始当然是被动的，它作为一种原始力量或者说天性，在触发的一刹那就会将人攫住，让人短暂失去理智，不能自已。但当人进入了爱情之中，主体性就开始介入，理性也开始发挥作用，不能什么都交给那些"顺其自然"。在爱情来临时我们也许无法掌控，但在体验爱情的过程中我们却可以利用主体性的积极方面去认识、经营爱情。很多人定义中的爱是一定要"死去活来"、"刀山火海"或者是"剥一层皮"的那种爱。在他们看来，无论是爱也好，痛也好，都是一瞬间的事情。轰轰烈烈固然是爱的一部分甚至是必经阶段，但如果注意到那些在婚礼上的人们，新人提到的是自己一见钟情的经历，但长辈们更多提到的是"爱的过程"或者说"爱的阶段"，他们显然更有情感经验。他们知道，不管多炽热如火的情感，都将转化为如涓涓细流般的平淡生活，对于爱的理想最终将在后者中持续下去。

一开始体验游戏，玩家通常得经过一个摸索的过程，之后就会找到一个大致的目标。这个目标可能是获得最好的装备，打败最终的 BOSS 等等，具体方式则是通过成长性的等级提升，他们在这一模糊目标的指引下做着具体的工作。在过时而痛苦，时而愉悦的"练级"和成长过程，他们发现当时模糊的目标在游戏中越来越清晰，但同时他们要做的具体的事情也越来越多，达到这个目标似乎变得不可能。最终，只有极少数的人能够达成当时的既定目标，多数人心中的目标只能成为一种理想而存在。理想、现实、目标、努力，游戏中的这些要素成为了对爱绝佳的隐喻。能够参透爱的意义的人少之又少。人们对于爱情的理想最终都要在现实中寻求平衡，他们会经历生活的洗礼与自我的否定，会遭受精神的危机和心灵的创伤。如同游戏中没有哪个角色一上来就能直接通关，而是需要通过磨炼不断强大那样，我们会短暂地退缩、不解甚至怀疑，但从根本上不会放弃对爱的追求。更重要的是，对游戏中爱的体验也终将回归到自我的确证：我在追求爱，在时时刻刻追求着，游戏给我的一次次幸福的体验都在证明着我曾获得爱；一次次在痛苦之中的历练都在表明我在坚持着爱；通过游戏得到的人生感悟都在明确着我能够去爱。我会被游戏里的爱意感动，会更加珍惜生活中获得爱与给予爱的机会。它们都证明：我正在爱着。

所以，去爱吧。

第三章　游戏现象研究

第一节　存档：电子游戏的独特面向

电子游戏中有一个十分常用的功能——存档，这个功能可以让玩家保存自己以往的游戏记录。从这个角度上说，游戏的存档似乎脱胎于日常存档。然而，与日常生活中的"存档"不同，电子游戏的存档有着独有的特点和表现形式，本文尝试对电子游戏的"存档"概念进行分析，对其内涵进行探索，并从时间与现实等维度阐述存档对生命的启示。

一、何为"存档"？

传统意义上的"存档"一般指的是"把处理完毕的公文、资料、稿件等归入档案，留供以后查考"。对于电子游戏玩家来说，"存档"则指"游戏保存时留下的文件"。

电子游戏从出现到发展吸引了越来越多的玩家，但游戏本身存在的问题也日益凸显。其中一个十分影响玩家游戏体验的问题，就是游戏"不可重来"。玩家往往费尽心思"爆肝"

十余小时，但是一旦任务失败或因其他原因停止游戏，前面的所有努力都付诸东流，只能重新开始。对于节奏快的游戏，如格斗游戏和部分射击游戏来说倒不是问题，因为一局游戏花费不了太长时间，但对于剧情向的游戏来说，"不可重来"这一设定无疑影响了玩家的体验。

《塞尔达传说》应该是第一款能够进行游戏进度保存和读取的游戏，它让玩家可以保存自己游戏中的经历并可以在需要时读取，这不仅大大节省了玩家的游戏时间，也给了玩家更大的热情去探索后续的剧情。随着电子游戏的发展，存档功能在单机游戏中逐渐普及起来，我们熟悉的许多单机游戏都有存档系统。之后的网络游戏也可以说是另外一种意义的存档：玩家在游戏中获得的装备、成就并不会随着玩家的下线而被抹除（删档内测除外），已有的数据会被存在那里，再次登录时便可以接着玩。可以说，电子游戏的出现给这个古老的档案管理术语赋予了新的内涵。我们对该问题的探讨即从这里开始。

二、存档：重新来过的机会

电子游戏对玩家而言有着巨大的吸引力。它将丰富的剧情和独特的操控感恰切地融合在了一起，让玩家乐此不疲地徜徉其中。当我们双击鼠标，打开桌面上一个从未玩过的游戏时，我们既紧张又充满期待。随着游戏的图景展现在眼前，我们似乎也置身于游戏角色的那个世界中。大概没有人会承认那是一个现实世界，但当我们沉醉其中时，甚至可以暂时忘记电脑屏幕外面的一切，这便是电子游戏的魅力。

然而，问题也随之而来。我们会在游戏中摸索前行，一开始会无比小心，当然，最初几个关卡是比较简单的——聪明的设计师一般不会在游戏之初就"放大招"，但随着游戏的深入，通关难度也越来越大。面对越来越难的关卡，没有存档功能必定会造成玩家在精力和时间上的双重消耗，增加玩家的沮丧情绪。试想，如果《大航海时代》无法存档，一旦我们在未知的海域冒险失败，过去积累的所有财富便会烟消云散；假如《仙剑奇侠传》不能读取进度，纵然我们一路过关斩将，却很有可能被比我们实力强数倍的敌人一个技能干掉，过去数个小时甚至数十个小时的心血付之东流……

慢慢地，我们学会了，每当遇到上述情况便会淡定地点击游戏中的设置，在弹出的对话框中选择"存档"功能，给档案命名并保存之后再"义无反顾"地冲向前去。这时，无论我们要面对的是什么似乎都"无所谓"，也都"无所畏"了……不出所料，又被打败了。没关系，只需重新读取刚才的存档——几分钟后，一条好汉重新上路。也许在存档时我们并没有意识到太多，但重温这一过程便能发现：实际上，存档减轻了玩家玩游戏时的压力，可以让我们更加全身心地投入到未知的旅程当中，换句话说，存档给了玩家机会，可以让我们从一个游戏当中的节点"重新来过"。

三、存档：本质上是时间问题

游戏中的我们的确重新来过了：在一次又一次的"失败—读取存档—重来"之后，我们终于通关。当我们回过头去观察那些曾经的存档，第一眼看到的一定是存档的时间：某年某月某日，几时几分几秒。这时我们会发现存档在很大程度上是一个时间问题，而围绕这一问题延伸出来的讨论，便成为了电子游戏的一种独特的面向。

"时间是什么？如果你不问我，我是知道的；你问我，我想解释，反倒觉得茫然了。"我们不止一次看到奥古斯丁的"时间之问"，它不仅表达出时间的多样性、内在性，还强调了时间的神秘而又不可知。就专门研究历史和时间方面问题的学者来说，很少有人能够绕开奥古斯丁关于时间的论述。纵观中西哲学史，除了奥古斯丁之外，许多思想家都讨论过时间。老子"天下有始"，孔子"逝者如斯夫"，黑格尔"真正的现在是永恒性"，海德格尔将此在与时间紧密联系了起来……他们都对时间问题进行了自己的阐发。但在日常生活中，很多人认为时间并没有什么复杂的含义。他们会看看手表自信地说："时间，不就是时针、分针和秒针嘛？"如果时间真的只是手表上的刻度、日历上的日期，那很多和时间相关的问题就变得索然无味了。

时间问题之所以引人入胜，一个重要的原因是它同人的体会和记忆相关，这一点法国思想家柏格森说得很清楚。我们习惯于把很多事物量化，时间也是如此。前面提到的，钟表上面按照时针分针秒针来划分的方法，就是典型的将时间量化的方法，是一种将时间同空间的置换。这种划分是科学的、精确的，并且是容易被大家接受的。原因很简单：如果没有对时间量的划分，就缺少了统一的标准，没有了规律和标准的规定，很多事情便会陷入混乱。这当然没错，同时也是必要的。但是，除了量的划分，时间还有质的一面，即内在体验的时间，柏格森将其称之为一种"绵延"的状态。这种时间与标准、规律和科学的划分无关，似乎只存在于我们的内心、意识和感觉之中。如果从这个角度来看，每个人所体会到的时间都是不同的。

很难用准确的语言来定义一种感性的体会，"绵延"就是这样一种难以被语言所定义的内在体会。拿音乐来说，听众在听音乐时会根据自己的感觉来做出判断，人们会突然在某一刻觉得这首曲子很好听，但在这个音符或者几个音符奏出之前，我们可能并不会觉得它好听，但绝不能说，让这首曲子变得好听的是这几个音符。因为后面出现的音符不是孤立的，而是要有前面的那些音符做铺垫，而我们对于之前音符的吸收，是记忆在发挥着作用，我们对之后音符的判断就是在之前记忆基础上形成的一种体会。这是对时间"绵延"状态的一种比喻性解释。

这种"绵延"的体会与记忆之所以独特，主要是因为它们承载着先前已经过去的时间，形成现在体会的时间，并流向未来可能的时间，这一过程是连绵不绝、不可分割的。如同波兰美学家塔塔尔凯维奇形容美学史和艺术史时说的那样：一条河流遭遇不平的岩层和转动的石头，于是形成了旋涡，改变了河床，但是曾几何时，河流又恢复了它先前的流向，又直又平地继续向前流去。可以说这种内在时间并不能用科学的分秒来衡量，不能用一般的分析去解释，而仅属于自己，为自己的直觉所体会、把握。在这样的时间观念下，我们所体会到的是真正摆脱了外界束缚的"时间历程中的自己"。

这么说来，游戏中的存档正是在此基础上的发展。如果从字面上认为，存档仅仅是把某个时刻已经发生的事件存储下来，我们只不过是回到了"那个时间点"，那就过于片面了。存档不仅是对量化的时间的回溯（时间回到了电脑右下角时间的十分钟之前），更是一种和记忆相关的时间的回溯，电子游戏的记忆和体验又是相伴相生的。那么，我们是否可以说，存档代表着回到那时那刻游戏的记忆和体验，并重新开始呢？这么说似乎也有些问题，这有点像时光机难题。一些人以为，时光机仅仅是把我们重新传送到过去的某个时间点，但之所以时光机仅存在于想象中，不仅是因为它难以处理科学层面的问题，更是因为它无法解决由时空生发出来的记忆和体验：如果我们回到二十年前，这二十年的记忆如何抹去？如果我们要去往三十年后，那这三十年时间里我们的体验是如何的呢？——这些都是不可能解决的问题。相应地，在存档之后我们继续上路，但当我们由于某些原因要读取过去的进度时，我们的记忆与体验已经和存档时的大相径庭了，因此也不能简单地说读取进度就是回到当时的体验状态，毋宁说，我们是带着一种新的体验回到过去的。

一方面，当我们从个体这个角度来考虑，这种体验自然是独一无二的。除了科学化、标准化的时间之外，游戏时间更应该包含这种内在体验的时间，而存档为我们体会游戏时间提供了一个契机，它让我们在读取数据的同时产生一种切实的、当下的体验，这种体验告诉我们：从现在开始，你将回去到过去的某一个时间点。但这种内在时间仅仅属于你自己，因为你在从游戏开始到存档，再从存档到读取的这一段时间中的体验是别人替代不了的，哪怕你和另一个人玩着同一个游戏，在同一个时间存档，你们游戏中的人物处于同样的状态，这种体验也是不同的——这是"绵延"的内在时间所造就的。

换言之，电子游戏的存档存储的不只是过去，如果是，那也仅仅是"量化"的时间。毋宁说，这种存档是玩家暂时将从过去到存档之时的那段记忆和经历以数据的形式保留下来，以供随时提取。玩家会根据自己的需要随时进行记忆的数据化保存，他们最初保存这份数据的目的大多是为了抵抗"未知"和"抉择"带来的不确定。当玩家提取这段数据时，尽管的确回到了当时存档的时间，但他们是带着存档之后的记忆回到过去的。进一步来说，一旦我们重读数据，那一段数据就不仅代表着过去，还意味着我们即将带着关于未来的经验与记忆再次处理未来，未来也将在重新读取存档数据后产生新的可能性。

四、存档与现实

马克·布洛赫在《历史学家的技艺》中谈到，"历史自有其独特的美感"，他还说，"某些人一听到历史要具有诗意便惶惑不安，如果有人以为历史诉诸感情会有损于理智，那真是太荒唐了。"在他看来，"美感""诗意"应该成为历史的组成部分。最浅显的理解是，历史并不仅仅具有冷冰冰的年份和时间，还应该是有温度的。

每个人的生命中都有珍贵的瞬间，并被用各种各样的方式保存下来，也许是一张照片，一段视频，也许是一篇日记，一则备忘录，这种存档无时无刻不在告诉我们，我们活过、存在过。正是这些如数家珍的记录，让时间有了一丝诗意的温度。近些年，一些机构组织和学者开始对电子游戏、电子竞技的历史进行梳理。当看到一个个熟悉的游戏名称出现时，作为电子游戏的亲历者，我们在阅读这些书籍时会产生一种感觉，这种感觉与研读那些古老的史书不同。我们会感觉自己置身其中，感同身受地开创、书写并延续着这段历史，每一次敲击键盘，每一次击杀 BOSS，每一次完成高难度任务而振臂高呼，每一次体会到游戏中的动人情节而感动落泪，每一次因为在游戏中错误的抉择而懊恼不已……这段游戏陪伴我们的奇特时间不是那游戏右上角或电脑右下角的科学时间，而是每个人都会拥有，但每个人体会却不尽相同的"游戏时间"——"首杀""公会成立""完成任务"，它们从另一种意义上来说也是一种存档，一种记录。不同于因面临困难或者选择时的"被动存档"，当我们经过重重阻碍终于通过难关之后再读取存档，这时存档便具有了重温的意味，存档对于游戏记忆的完美再现便再一次凸显了出来。而无论哪种形式，正是因为我们的加入，那些原本冰冷的数据突然变得鲜活了起来。

存档还可以成为人生的一种隐喻。存档代表着一种经历。从外在来看，无论是游戏程序中的自动存档，还是玩家的主动存档，读取档案仅仅是数据的回溯；从目的角度看，如前文所说，存储和读取数据是对游戏不确定性的控制或者是对已取得成就的重温；但如果从主观角度看，存档的过程可以成为一种从经验向内在品质转化的过程。生活中我们的确会用心去做一些事，但也要去接受尽管付出了努力与心血，却仍然可能遭遇失败的事实。对于人生而言，短暂的失败并不意味着人生彻底被摧垮。相反，无论是经验还是情绪，我们都有着自己的"存档"读取曾经的"存档"，可以或多或少地从中得到些有益的参考——它们时刻提醒着我们，我们可以带着已有的经验去迎接未知。

存档同样给了我们反思人生的机会。诚如马可·奥勒留在《沉思录》中所说，"你只有有限的时间，如果你不用这段时间来清除你灵感上的阴霾，它就会逝去，你也会逝去，并永不复返"。[①] 他更提到了时间的瞬息即逝。游戏的存档对于玩家而言实际上是降低了游戏中的不确定性，也就是用这种回到过去的方式"给未来上保险"，但很遗憾，这种方式在现实生活中并不存在。笔者之前曾撰文指出，我们可以通过游戏来认识死亡，实际上我们也可以通过游戏当中的存档来认识生命。对于死亡而言，游戏满足了我们关于一段"不可能的体验"的想象。对于生命而言，存档则不断地提醒我们：也许在游戏中我们可以一次又一次地将时光倒流回挑战面前，但在生活中这种"倒流"仅存在于已有的"经历"和对过去的"回忆"中。作为玩家，我们可以乐此不疲地被游戏所吸引，但我们更不止一次地在游戏中寻找虚拟世界和真实世界的异同。其实，电子游戏之所以吸引人，一部分原因是它和现实生活不同，另一部分原因则是游戏可以让我们找到现实生活中人们珍视的东西进而思考它们。我们在虚拟的游戏中可以通过存档、买复活甲等方式来体验不止一次的生命，但相应地，正是那在现实中仅有一次的生命激发了我们潜在的对生命意义的思考和探寻。就是在这种虚拟和现实的张力之下，我们认识到了这无法回溯的生命的价值。

---

① ［古罗马］马可·奥勒留. 沉思录 [M]. 何怀宏，译. 北京：中央编译出版社，2008：15.

第二节　再谈"存档"：从电子游戏存档方式看时间观

在电子游戏的诸多内置功能中，"存档"应当是比较重要的一个，它的出现不仅完善了游戏本身的功能，还节省了玩家的时间，激发了玩家不断尝试的兴趣，进而增强了游戏体验。从传统角度来看，"存档"应属于档案管理和历史学当中的一个名词，但在电子游戏当中，存档功能将原本"隐而不发"的时间问题凸显了出来。与此同时，存档方式的不同又反映出时间观念在表现形式方面的差异。

一、从"隐"到"显"的时间问题

"存档"一词可以说由来已久，是涉及到档案管理的术语，指的是把已经处理完毕的稿件、公文或资料等归入到档案之中，以便后期查阅。生活中我们经常会存档，特别是一些重要的文字资料，这对于从事文字工作的人来说更是习以为常的事情。但如果分析这个定义，我们会发现里面暗含着关于时间的描述："已经""完毕""后期"。从时态的角度来看，"已经"和"完毕"属于"完成时"，而"后期"则属于"将来时"。我们想要找一个资料，需要回到之前的存档，当下的存档也很有可能作为资料在未来被找出来：过去，现在和未来这三个时间维度通过存档被串联起来。可以说，我们很多人将存档视为一种自然而然的行为，时间问题内隐于存档行为之中。

随着电子计算机和互联网的发展，"存档"一词被赋予了新的定义，更多的是指数据的存储。对于电子计算机而言，存档的形式发生了一些变化，纸质数据变成了电子数据，原本需要花费大量时间去查找翻阅的档案，在电子档案中只需要花几秒钟的时间就可以找到，电子档案的存取已经纳入了无纸化办公之中，成为人们当下工作不可或缺的一部分。尽管时间问题在电子存档这一行为中其本质和过去差不太多，都是资料的储存和提取，但由于缩短的时间极大地提高了工作效率，"时间"逐渐成为了人们能够感受到的差异之存在。

然而，真正让时间问题凸显出来的是电子游戏的存档。电子游戏中出现存档功能可以说既是一种必然，也是一个创举。在最初的电子游戏中是不存在"存档"功能的，玩家都是"玩到哪里算哪里"。最初的电子游戏易于上手且内容简单，并以沉浸体验的营造让玩家乐在其中，这点无需多言。之后，电子游戏的玩法和种类也随着计算机硬件的进步和对游戏研发的深入而逐渐增加。但玩着玩着，玩家发现了一个问题，就是随着游戏的内容的扩充，一旦玩家因为某些原因离开游戏，之前做过的所有努力都会前功尽弃，这个时候玩家的不满和沮丧可想而知。存档功能正是在这时应运而生，玩家可以将之前的游戏进度存储下来，以供任意时刻提取。表面上看，因其能够在很大程度上节省游戏时间，存档功能是对玩家游戏反馈的一种及时回应，但如果仅此而已，那它和日常办公中的电子存档相比就没有什么差别了。电子游戏当中的存档之所以说是一个"创举"，还在于这种存档方式与玩家内心的时间和情感发生了关联。笔者在之前的论述中对存档进行了探讨，并且将其视为电子游戏的独特面向，文章中的其他内容，这里不做赘述，但其中的一个主要观点是，电子游戏的存档正在以一种与我们过去处理时间问题方式迥然不同的方式来和时间发生着关系：

除了科学化、标准化的时间之外，游戏时间更应该包含这种内在体验的时间，而存档为我们体会游戏时间提供了一个契机，它让我们在读取数据的同时产生一种切实的、当下的体验，这种体验告诉我们：从现在开始，你将回去到过去的某一个时间点。但这种内在时间仅仅属于你自己，因为你在从游戏开始到存档，再从存档到读取的这一段时间中的体验是别人替代不了的，哪怕你和另一个人玩着同一个游戏，在同一个时间存档，你们游戏中的人物处于同样的状态，这种体验也是不同的——这是"绵延"的内在时间所造就的。

因此可以说，从纸质存档到电子存档，再到游戏存档，是原本隐含的时间问题逐渐凸显的过程。随着对存档以及与之相关的时间问题进行更深入的研究，我们在不同的游戏当中发现了不同的存档方式，而这些方式又与人们的时间观有着密切的联系。本节正是在这个基础上对游戏中反映出来的时间观进行研究，进而对时间问题进行阐发。

二、电子游戏中的存档方式

电子游戏中的存档功能自出现起就有着不同的形式，有随时随地存档的，有按照游戏进度存档的。网络游戏中所谓的存档亦有有形存档与无形存档一说。前者指的是专门到一个地方下线（有可能在这个地方下线会有某种经验加成），后者则是直接下线，上线后仍然停留在当时下线的地方。上述存档方式可以说充分地做到了为玩家考虑。它一方面不会让玩家先前的努力白费，另一方面使得游戏的剧情有了连贯性，增加了玩家的体验感。

传统的存档方式是按照游戏进度的发展进行着的，按存档时空限制的角度划分，一般有两种。第一种是随时随地进行存档，如我们非常熟悉的《红色警戒》《NBA 2K》等游戏，这些游戏对于存档的个数有限制，即存储到一定数量之后，后面的存档会覆盖前面的存档文件，但对于玩家存档的次数没有限制。如果玩家愿意，完全可以一边体验游戏一边存档。这种存档方式的好处在于相对自由灵活。第二种是有时空限制的存档，或者是游戏发展到一定阶段在特定的时空中自动存档，或者是只可以在规定的时间和地点进行存档，相比前一种存档，这种方式的灵活度没有那么高，对于玩家的操作有一定的要求，同时也保证了游戏的紧张感和流畅度。

按照存档目的划分，游戏存档的主要目的一是规避风险，二是作为留念。这两个目的有先后顺序，有时又是融合在一起，或有所侧重的。前面的存档行为大多发生在第一次体验游戏的过程中，存档主要是为了处理由于发生未知状况而造成的时间、精力的浪费，当玩家对游戏有了更加熟练的掌握，对自己的技术有了足够的自信之后，存档如果不是可有可无的话，主动的存档目的就逐渐偏向于"记忆存留"了。拿前面提到的《红色警戒》来说，如果玩家知道即将在某一时刻面对一场大战，且对自己的战力没有信心，这时他选择存档则是出于第一种目的；倘若他第一次生产出数十架"基洛夫"，进行存档则是出于第二种目的——他只是为了记住这一刻。同样地，在《NBA 2K》游戏中，我们完全可以在比分僵持的情况下选择存档，之后再进行游戏，这是为了规避可能出现的比赛失利，玩家还可以在完全有把握夺冠的最后一场比赛之前进行存档，以便"重温"夺冠的瞬间。

与此同时，存档的方式有时又是以艺术的形式呈现出来。《寂静岭2》采用的是在固定地点进行手动存档的方式，游戏主角詹姆斯第一次存档是通过枯井里面的一张红纸，"看着它，感觉仿佛有人在我的脑海中……偷偷探索……这感觉很诡异"，点击之后屏幕会短暂地变为红色，接着就可以进入存档界面，而红色在西方代表着流血与残暴，在一定程度上契合了游戏中的内容。从国产游戏《黑神话：悟空》已经放出的游戏画面可以得知，"天命人"的存档方式是在佛龛之前焚香。游戏中所点的香柱最早出现于唐代的佛教寺院，但我国焚香习俗有着更加悠久的历史，可知的焚香祭祀行为能够追溯到石器时代。后世焚香的盛行则与儒、释、道思想的发展有着密切关联，结合具体的历史文化语境可知，焚香不仅有着"实用价值"，更逐渐成为一种"精神享受"，[①] 所以有"焚香沐素琴，弦外有知音"的说法。"香道艺术"同琴、茶一道，让人获得美好享受的同时，还起到修身养性、调和身心的作用，焚香最终成为了一种独特且充满文化意蕴的行为。此外，还有《只狼》里的坐佛、《黑魂》里的营火等，既是常规意义上的存档方式，更是有着象征意味的美学符号。可见，不同艺术表现的存档方式，其共性就是将美感注入到时间之中。

三、存档与时间观

存档的多种形式向我们展现了形态丰富的时间观，这种时间观又有着不同的表现形式与分类方式。一为静止与流动的，前者强调时间的瞬时性，后者关注时间的发展与变化。二为外在与内在的，前者主张时间存在于人的主体之外，后者则主张时间是人的内在体验，柏格森的"绵延"理论就是这一时间观的代表。三为线性的与循环的。现代时间观多体现为线性的，认为时间是向前发展的，这当然受到科学观念对于时间的规定与限制的影响，现实层面则是由于自文艺复兴和启蒙运动以来，人类对自然现象的探索、自我意识的发

---

① 吴小龙. 中外交流视域下唐代香文化探索——以儒释道焚香为中心 [J]. 贵州文史丛刊，2021（04）：18-26.

掘以及新事物不断发明所带来的绝对自信，"这是现代性自我肯定的必然逻辑后果"；① 循环时间则意味着历史事件会在不同程度上周而复始、循环往复地发展。在古代，时间是运动的派生概念，而在现代，时间则具有本质规定性。

游戏中不同的存档方式让我们对时间问题有了进一步的思考。数据上看，游戏的存档仅是静止的一段数据的留存，是有明确、具体的时间"点"的，但实际上它所指向的是流动的时间，是时间的"流"。换句话说，时间是具有延续性的，如《巫师》系列。如果在体验《巫师2》的时候进行了存档，那么玩家在存档时的状态会直接影响到《巫师3》的剧情走向，这时时间之流当中既包含着游戏世界观的延续，也包含着玩家记忆的延续。

存档是可见的，外在于我们的，在机器上显示的时间，同时代表着内在的绵延体验与更深层次的、不可见的记忆。《生化危机》的打字机是一个经典的记忆象征和时间符号。玩家需要找到打字机并且消耗色带（ink ribbon）进行存档，而这个设定从1996年开始就一直延续着。熟悉《生化危机》的玩家只要在游戏中看到打字机，就会很自然地将其和存档的功能联系在一起。有趣的是，打印机的时间符号属性产生了双重意涵，一是作为有着存档功能的游戏道具，二是承载着玩家对《生化危机》二十多年来更新迭代的时间记忆。

---

① 吴国盛. 世界的图景化——现代数理实验科学的形而上学基础 [J]. 科学与社会，2016，6（01）：43-73.

存档反映出的时间观既有单向线性的，又有循环意味。游戏存档在技术层面上说是线性时间观的体现，但在观念、感知和情感层面则是一种时间的循环，两种时间观在存档这一过程中得到交织。《魔兽世界》中"大秘境"副本挑战模式中的节点存档就体现出两种时间观的融合交织。既然是挑战模式，首先要规定限制时间，玩家需要在规定时间内击败所有 BOSS 来获得丰厚的装备、成就等奖励，超过时间后的奖励会大打折扣。但这和存档有什么关系呢？其实在副本当中有一个隐性的存档机制，就是在固定地点，某些特定盟约的玩家可以和副本里的 NPC 对话开启复活点，通常是上一个 BOSS 被击杀之后不远的地方，而非刚刚进入副本的地点，这就大大节约了挑战时间。这个复活点又可以被视为"复活节点"，如玩家在第 2 到第 3 个 BOSS 清小怪的过程中"团灭"，那就可以直接在击败第 2 个 BOSS 之后的 NPC 处复活，这代表着他们已经击败了前 2 个 BOSS，这是线性时间积累的表现。如前文提到的，随着层数的增加副本的难度也会相应增加，而所谓的"循环"则发生在"'团灭'—复活点—继续"的过程中。这种循环看上去只是操作与内容上的重复，实则每一次重复都不完全相同——玩家在技术上改变与调整，重复行动由于受到时间压力而产生的心理、心境与情感的变化……按照我们之前的说法，循环是情感的循环，在更新着的情感循环，是重复着却充满差异的循环。

同时，存档是具有阐释学意义的。存档意味着当下的人们对一段既往存留下的数据开始进行阐释，只要开启这个过程，现在与过去之间就开始产生越来越强的互动，这种互动同传统文本阐释一样会生发出新的意义，并指向未来，但同传统的意义生成有所不同的是，过去的存档会在未来不断更新，关于现在的阐释也会随着游戏的进行不断刷新，当我们读取存档并到达让我们畏惧或举棋不定的时间点时，又会在未来的向度产生新的体验。过去、现在与未来之间便通过存档过程串联了起来，互动就在多维度的时间中成为一种共同更新着的互动。

余论

当下，物理时间或测量时间逐渐将时间"扁平化"，人们逐渐被框定在由时间所规定的架构之中，科学世界取代了生活世界，对时间的哲学探讨许多时候也局限在物理学哲学的探讨，而丧失了与文化传统、日常世界的关联。[①]存档是对时间中心的遵循，同时也是对时间操控的打破。在线性的、科学的、可测量的、可把握的时间观看来，时间限定着我们要做的事情，规定着我们要完成的任务，存档首先要受到时间的制约，不存在没有时间显示或可以用数字标记的存档，存档是一种被时间规范化了的数据。但同时是因为需要，因为根本上的情感需要、记忆需要、生命需要，我们才存档，主观上的需要在这里掌握了主导权，时间成为完成生命体验的

---

① 吴国盛．时间的观念 [M]．北京：北京大学出版社，2016：5．

一环而非对生命的操控。

波兰作家奥尔加·托卡尔丘克笔下的"太古"是一个空间概念，也是一个时间概念，是无所不包的时空起源，而"太古"这一宇宙中心的设定，则象征着人心灵深处的根部，指向最原始本真的自我世界，时间在这里参与着生命的构建，毋宁说，时间就是生命。这样说来，生命的边界又是否就是时间的边界，对于时间边界的探索究竟是一种修建巴别塔时存留的、对于有限之生命进行的、妄图超越了时空限制的前世记忆，还是仅仅是对于在时间中存在着的生命十分有限的确证？生命在时间当中，时间又何尝不在生命当中？存档的时间性不仅是记忆的存留，也是未来的彩排，而存档又能否被视为一种时间对生命的记录，因而饱含着生命对自由与热爱最纯粹的守望？

存档，人们用心将时间留了下来。

第三节　论作为艺术作品的游戏彩蛋

当下，游戏彩蛋在电子游戏中可以说随处可见，指的是设计师出于各种原因在游戏中留下的一些有趣的隐藏内容。作为惊喜的"例外"，作为艺术发挥的对人心的慰藉，同时也作为一种形而上的存在，彩蛋在游戏中的作用受到越来越多游戏研究者的关注。

一、彩蛋作为"例外"

彩蛋是一种惊喜的"例外"。对于善于发现游戏当中隐藏内容的玩家来说，对彩蛋这个惊喜的"例外"应该不会感到意外。"彩蛋"一词源于西方复活节中寻找彩蛋的活动，最早可以考证到的游戏彩蛋出自 1977 年的一款街机游戏《Starship1》。不同于现在直接在游戏当中寻找彩蛋，这款游戏的彩蛋触发条件或者说准备工作是在游戏之外的现实中完成的，玩家需要在按下街机台面上的两个键位的同时进行投币，待投币落下的一刹那松开先前按下的键位，最后把右侧推杆切换到低档位。满足触发条件后，游戏画面中就会出现"HI RON"的字样（Ron Milner 为《Starship1》的制作者），玩家可以获得 10 次生命的奖励。如果说这款游戏对彩蛋触发的要求太过苛刻的话，大部分游戏中彩蛋的发现则相对简单直接，有的只是需要玩家完成游戏中的一些任务要求，有些则需要玩家的细心。

和彩蛋相比，游戏当中还存在另一种"例外"——BUG。日本学者中泽新一对 BUG 进行了辩证分析，他在《游戏发烧友玩 BUG》一文中指出，如果一个游戏 BUG 太多，很容易被玩家们利用，从而造成游戏的不平衡。单机游戏受 BUG 影响相对较小，最多是玩家利用某些漏洞快速通关，带来愉悦感和满足感。受 BUG 影响比较大的是网络游戏，玩家很容易利用漏洞来"钻空子"，快速地练级、赚钱，从而影响游戏的均衡性，进而直接影响游戏厂商收入。游戏中的 BUG 一开始产生于《太空战机》，并由此引发了游戏中的离奇现象，带给玩家一种"按部就班通关"之外的趣味。这种趣味让玩家可以在程式化的游戏之外收获意想不到的游戏体验。同时，BUG 也可以让玩家们暂时逃脱资本的束缚，进而真正体验到游戏的乐趣。① 从资本和程式化等因素来看，这种分析是有道理的，作为对资本操控和"按部就班"的抵抗，BUG 本身并不隶属于游戏本身的规划，它是一种异于游戏的存在。但实际上，彩蛋给人的感觉更多是"惊喜"，不会对游戏运行构成影响，是游戏的一部分，而大部分 BUG 则会直接影响游戏的流畅运行。彩蛋的产生大多源于有明确意图的设计，BUG 则是游戏里面因系统缺陷而产生的漏洞。对于彩蛋的设计，玩家的态度一般是理解和支持的，但由于 BUG 的存在会影响游戏的公平，因此除了极少数利用这种游戏漏洞来获利的玩家外，绝大多数玩家对于 BUG 都是持负面态度的。当然我们不能忽视 BUG 的"抵抗"作用，也承认"偶然性"的BUG 确实提升了游戏的吸引力，但利用漏洞来获取利益并影响公平的行为毕竟不值得提倡。在流行的电子游戏中常会出现 BUG，笔者印象比较深刻的，一个是 2005 年《魔兽世界》副本祖尔格拉布里的"堕落之血"BUG，这个原本仅限于副本之中的 BOSS 技能本来十分普通，却因为游戏中存在的漏洞而溢出了副本之外，造成大规模的传播并导致玩家角色的

---

① 邓剑. 探索游戏王国的宝藏——日本游戏批评文选 [M]. 上海：上海书店出版社，2020：62-78.

死亡；另一个是 2012 年《英雄联盟》里的无技能冷却时间 BUG，有玩家发现通过修改游戏文件，可以让技能无视冷却时间而无限释放，这个漏洞对于游戏秩序的影响可想而知……此外，过剧情、捡道具、坐电梯等简单游戏行为也会出现不同程度的 BUG，造成角色卡死、任务无法继续等影响玩家体验的情况。

从游戏节奏来说，彩蛋和 BUG 也有共性，它们都会在一定程度上造成游戏体验暂时中断。从这个层面上来说，游戏中的彩蛋应该也是游戏中"断裂"的成分，但这种"断裂"或者"中断"并没有令玩家感到厌恶，也没有产生负面效果，它不是投机，也不是突变，而是一种"例外"。所谓"例外"指的是"超出常例之外"，"常"指的是"规律"、"规定"，无论是在现实中还是在游戏里，都要遵循一定的规则，遵循这些规律和规则的结果是形成了一定的"惯例"。惯例不仅是行为上的，更是心理上的，如果因为一些原因导致这些惯例暂时中断，人们就会产生心理上的变化。从这个角度来看，游戏中的彩蛋就是一种对惯例的暂时性打破。除此之外，彩蛋的存在能够让玩家在玩游戏的过程中停下脚步，利用这个"例外"来反思一些东西，对于这个问题，笔者将在后文具体论述。

二、彩蛋作为艺术作品

我们不妨思考一下游戏当中的彩蛋，它的存在一不会对主干剧情造成干扰，二又有着特殊的寓意。前者说明它是"无关功利"的，因为它的出现对游戏本身来说似乎是可有可无的，但彩蛋的设计实际上是有明确的意义指向的，这说明它又是"合目的"的。上述特性不由地引导我们对彩蛋进行艺术层面的省思。作为新型艺术样态，电子游戏中囊括了众多艺术要素，彩蛋作为电子游戏中的一部分是否也蕴含着一定的艺术属性？我们不妨回到对于艺术的定义和情感在游戏中扮演的角色来对彩蛋进行分析。波兰学者塔塔尔凯维奇用选言命题的形式对艺术作品进行了概括："艺术是一种有意识的人为活动，或再现事物，或是构成形式，或是表现经验，此种出乎再现、构成或表现的作品一定能够激发快感、情绪或震惊。"[①] 按照这个定义来看，除了个别彩蛋的出现是由于系统和代码本身的 BUG 外，绝大部分彩蛋都是设计师"有意识"设计的，其基本目的当然是要在游戏当中给玩家以惊喜。这种惊喜带来的最直接的体验就是快感，但彩蛋更有一种美学上的意义，它是一件精心设计，有明确意图的艺术作品，可以激发人们的情绪，并且以多样的形式激发着人们的不同情感，甚至可以让人感到震惊。笔者在前文中曾提到过游戏和艺术问题，这里就把问题细化，结合具体的游戏谈谈作为艺术作品的彩蛋。

---

① ［波］瓦迪斯瓦夫·塔塔尔凯维奇．西方六大美学观念史 [M]．刘文潭，译．上海：上海译文出版社，2013：45．

（一）彩蛋与空间美学

《侠盗猎车手3》中，玩家扮演的角色绝大部分时间是依靠驾驶汽车来完成任务的，但在弗朗西斯国际机场和海岸之谷机场中却停放着飞机，玩家可以驾驶飞机去探索地图。由于是在空中飞行，玩家首先获得了不同以往驾驶汽车时的游戏操控体验，这是操作层面的"例外"。与此同时，由于视角比平时更加开阔，玩家对整个景观的认识更加全面，因而产生了美感层面的"例外"。在空中，玩家更容易观察到那些由于平地视角问题而无法观察到的城市景观，从不同视角认识到游戏中景观的变化与统一。从空间美学的角度上看，在上空飞行的玩家更能从整体上感受到"建筑和城市空间中的形式要素的有条理的重复、交替和排列，在视觉上感受到动态的连续性"，进而"产生一定的节奏感和韵律感，并由此产生了和谐的美感"。① 而在空间生产层面看，"节奏永远来回穿梭，彼此之间相互叠加，总是与空间同在"，② 同时，"一些节奏可以说在表面运行，而另一些则在隐蔽的深处迸发"。③ 如巴什拉所说，空间"不再是那个在测量工作和几何学思维支配下的冷漠无情的空间"，而是"被人所体验的空间"，④ 并引

---

① 周岚 . 城市空间美学 [M]. 南京：东南大学出版社，2001：49.

② ［法］亨利·列斐伏尔 . 空间的生产 [M]. 刘怀玉，等，译 . 北京：商务印书馆，2022：302.

③ ［法］亨利·列斐伏尔 . 空间的生产 [M]. 刘怀玉，等，译 . 北京：商务印书馆，2022：303.

④ ［法］加斯东·巴什拉 . 空间的诗学 [M]. 张逸婧，译 . 上海：上海译文出版社，2009：23.

用了乔·布苏克的说法——空间不在任何地方，空间在自己心中，就像蜂蜜在蜂窝里。[①]

（二）彩蛋与情感表达

设计师对于彩蛋的设计一般都是他们情绪的表达，当希望表达的情绪通过彩蛋形式对玩家产生触动时，就会形成情感共鸣，进一步来说还会产生审美体验。

拿电子游戏中的生日彩蛋为例。生日对于一个人来说意味着什么？它意味着生命的开始，意味着生日当天有家人的陪伴，同时也意味着时间的流逝。时间用生日这种方式展示着它对我们残忍的温存。电子世界是怎样处理"生日"这个主题呢？生日当天我们会收到系统发送的"电子祝福"：银行和各种 APP 推送的短信、电子邮箱也会收到祝福，但文字和简单的图片可能没办法让人有太多感触。游戏中的生日彩蛋就截然不同了。一些游戏会让玩家得到"真正的实惠"，在玩家生日那天寄送一个包裹，里面有一些用得着的游戏用品、游戏装备和英雄皮肤；另一些游戏中则是通过彩蛋让玩家体会到情感上的触动。在《死亡搁浅》里，玩家会在登入界面看到"为了确认你的杜姆斯能力级别，请输入你的出生日期"的字样，输入之后就能在生日当天获得一个彩蛋：私人空间中桌上的蛋糕、所有布里吉斯成员发来的生日祝福邮件，以及"拔叔"送上的鲜花。在《合金装备5：幻痛》中同样有

---

① ［法］加斯东·巴什拉. 空间的诗学 [M]. 张逸婧，译. 上海：上海译文出版社，2009：221.

类似的生日彩蛋。生日当天外出的玩家会收到基地遭到攻击的消息，乘坐直升机回到基地便会听到零星的枪声，举枪正欲向前探寻时，生日音乐响起，玩家被基地中的士兵包围，他们推着蛋糕车向你走来，轮流送上他们的生日祝福。之后，"寂静"（Quiet）还会朝玩家身后装着雪茄的箱子射击，打下HBD（Happy Birthday）的印记，当玩家捡起雪茄放到嘴边，"寂静"会在你探身之际射出一发子弹将口中的雪茄点燃，这种"硬核的浪漫"着实感染了不少玩家。

为什么生日当天获得游戏中的生日彩蛋会令如此多的玩家感动？谈到这里，就不得不称赞游戏制作者小岛秀夫在情感设计上的创意和用心。他找到了所有玩家的一个既不同（具体时间）又相同（普遍都有）的点——生日。与不少游戏中的"意思一下"或"敷衍了事"不同，小岛秀夫用非常严肃的态度专门制作了生日动画，作为送给生日玩家的惊喜。在这一天玩家还会遇到和平时一样的人，不同的是在游戏过程中还会遇到"例外"，游戏中会多出一段生日的剧情，游戏中的NPC也会以自己的方式为玩家送上祝福。从理性层面，玩家当然知道这段彩蛋并非他们专属，因为每个玩家生日的那天，游戏都会送上同样的祝福彩蛋，就像他们知道有很多人和自己生日是同一天一样；真正打动玩家的是这段彩蛋当中蕴含的情感，生日彩蛋会让玩家得到一种"有人还记得我的生日"的暗示，这时他会回忆起过去生日时的温馨瞬间，会回顾自己一直以来的生活，会获得自我存在的确证。小岛秀夫敏锐地捕捉到"生日"对于每个人的特殊意义，并将自己能够体会到的情感注入到这段彩蛋当中，自然会得到玩家情感上的共鸣。这类彩蛋已然具有能够激发情感且具有一定"情感深度"的艺术特征，这也和小岛秀夫的个人经历和观念有关。他从小就酷爱读书，并将读书和观影视为一种"虚拟体验"。在对书籍和电影的欣赏中，他体验着过去与未来，体验着遥远的世界，还想象着变成和自己完全不同身份、不同性别的人，通过一次次"偶然的相遇"，他共享了众多陌生人的人生，形成了独特的美感和共情。[①] 他还非常重视"连接"的重要性，他把连接的媒介称为"MEME"，并指出它是一种对文化、习惯和价值观等重要而有意义的信息的传承，是创作的基因，它们将人与人，世界与时代连在一起。[②] 他制作的游戏能够引起玩家广泛的情感共鸣，其原因也正在于此。

对于艺术创作与情绪的关系，宗白华先生认为，艺术的源泉是一种强烈深浓的，不可遏止的情绪，挟着超越寻常的想象能力。艺术创作的肇始在于创作者有情感需要抒发和表达，而"这种由人性最深处发生的情感，刺激着那想象能力到不可思议的强度，引导着他直觉到普通理性所不能概括的境界，在这一刹那产生的许多复杂的感想情绪的联络组织，

① ［日］小岛秀夫．创作的基因：我所爱着的 MEME 们 [M]．The Sorrow，译．北京：新星出版社，2022：8.

② ［日］小岛秀夫．创作的基因：我所爱着的 MEME 们 [M]．The Sorrow，译．北京：新星出版社，2022：226.

便成了一个艺术创作的基础"。①宗白华先生的观点切中肯綮。对于现阶段的游戏设计来说，"情感设计"越来越被视为重要的一环，有学者强调，"在设计游戏的过程中，一切都应从玩家的角度去考虑，无论内容简陋与否，他们感受到什么才重要，设计师的着眼点也是如何去设计这份感受"，因此，"情绪才是本质的标准"。②游戏中的情感在当下的游戏设计和游戏研究中也越来越被本体化了。

三、彩蛋作为形而上的存在

标题这里借用的是德勒兹曾经说过的"儿童是一种形而上的存在"。为什么彩蛋是一种形而上的存在？主要是因为它往往可以超出具体的现实而反映出一些根本性的"大问题"。我们知道，游戏最基本的构成是声音和画面，文本方面则是叙事和剧情，优秀的游戏首先是从这些方面吸引玩家，让玩家感受到游戏有一种"魔力"而愿意深入体验下去。但游戏并不仅仅是娱乐手段，更是艺术表现，进一步来说是观念呈现。作为游戏构成的彩蛋也是这样。从表面来看它仅仅是一个并不复杂的设计，同时它也是艺术作品。它的一个重要任务就是艺术表现，但艺术不仅表现形式，更要表现内容，彩蛋可以说是游戏理念和精神的表达。而被玩家广泛认可的那

---

① 宗白华.艺境 [M].北京：商务印书馆，2011：9.
② 徐炜泓.游戏设计：深层设计思想与技巧 [M].北京：电子工业出版社，2018：145.

些彩蛋，基本都是在满足了人们娱乐需求的同时也蕴含着观念属性，在一定程度上充实了玩家的精神世界。

（一）英雄

有学者指出，"英雄是历史中的杰出人物，拥有崇高理想和价值追求，有着百折不挠的奋斗精神，代表了历史的发展方向，是一座座永恒的主碑"。"英雄"是文艺作品中的常见主题，反映出的英雄精神同样历久弥新。在《千面英雄》中，神话学学家坎贝尔通过不同时代、不同地域的神话故事和宗教故事向我们呈现出英雄的成长之路，他所描述的这一过程同时也影响到当今许多文学作品和电影作品的创作：

当英雄的任务被深入理解并实施时，其困难性和崇高意义才会体现出来。[①]

英雄是我们每个人内心都隐藏着的创造与救赎的神圣形象的象征，只是等待我们去认识它，使它呈现出生命而已。[②]

我们可以把英雄和他最终的神，探求者和被找到者，理解为单一的自我反映这一奥秘的内在和外在，这与世界的奥秘完全相同。超级英雄的伟大事迹就是逐渐在各种各样的情况下认识到这种统一性并将它传播给其他人。[③]

[①] ［美］坎贝尔. 千面英雄 [M]. 黄珏苹，译. 杭州：浙江人民出版社，2016：24.

[②] ［美］坎贝尔. 千面英雄 [M]. 黄珏苹，译. 杭州：浙江人民出版社，2016：31.

[③] ［美］坎贝尔. 千面英雄 [M]. 黄珏苹，译. 杭州：浙江人民出版社，2016：32.

坎贝尔使用了一些神话和宗教当中的言说方式来定义英雄，对于"救赎"等说法，我们不做太多唯心主义层面的解读，但他对英雄的阐释实际上有着非常强烈的现实指向，并且道出了"英雄精神"的内涵：它需要人们历经艰辛，它是一种神圣且高尚的精神，它存在于我们的内心，却并不是不言自明的，需要我们努力寻找。"只有你能践行这段伟大的发现之旅，只有你能探究出你到底是谁的真相，只有你能发掘你内在的英雄。哪怕沧海桑田，在你生命中的每一天，你内在的英雄，都将不断响应你的召唤"。①

英雄主题同样也是电子游戏的常驻主题，如《盟军敢死队》《罗马之子》《疯狂麦克斯》等，许多游戏更是直接冠以"英雄"之名，如《英雄联盟》《炉石传说：魔兽英雄传》《曙光英雄》等。时代需要英雄，生活同样需要。生活中我们也会遇到具有英雄精神的平凡的人，一些游戏中的彩蛋就是对这种英雄精神的讴歌。《守望先锋》就是一款十分强调英雄精神的游戏，无论是游戏 CG 中讲述的故事，游戏人物的设计，还是游戏人物的台词等，都突出了游戏希望传达的"英雄"理念，而在漓江塔地图中一个彩蛋更是让玩家记忆犹新，这个彩蛋和一个平凡的人有关。

吴宏宇是广东工业大学土木与交通工程学院 2015 级学生。2016 年，他勇敢地追捕偷车贼，却被偷车贼驾车撞倒导

---

① ［澳］朗达·拜恩. 英雄 [M]. 郑铮，译. 长沙：湖南文艺出版社，2018：210.

致颅内出血，因伤势严重，抢救无效身亡，年仅20岁。吴宏宇是一名游戏爱好者，从他最后一条朋友圈可以看出他和许多玩家一样在热切期盼着游戏《守望先锋》的开服，但遗憾的是他在开服前一天永远地离开了这个世界。为了纪念吴宏宇的见义勇为，游戏官方在漓江塔地图中的一处展厅专门设计了宏宇雕像，这座雕像位于三尊雕像的中间，形象是宇航员，宇航服居中写有"宏宇"字样，雕像下方是一层白色花圈，后面的红墙正中写有"英雄不朽"四个大字。在 NGA 社区《守望先锋》栏目中，有这样一则通告：如果你在漓江塔里激斗正酣，也请你缓一缓脚步，为宏宇献上一束鲜花。通告内容很快便引起了大家的热烈讨论。笔者还记得，随着这个彩蛋被越来越多的人知晓，许多玩家在进入漓江塔地图之后，都会前往那个写着"宏宇"名字的宇航员塑像旁驻足观看，表达他们对这位"平凡的英雄"的敬意。在那之后，每逢看到这个彩蛋，略微熟悉这一形象背后故事的玩家都会动容。游戏将现实生活中的平凡英雄用彩蛋形式加以塑造，可以说它首先是以一种艺术形式呈现在玩家面前，但更为重要的是，这一彩蛋将游戏希望传达出的"英雄精神"与现实中的真人真事恰当衔接，同时契合了"这个世界需要英雄"的游戏主旨与现实旨趣，可以说是一个十分成功的彩蛋设计。

（二）时间

时间主题在电子游戏的彩蛋中同样经常出现，其表现却更为隐性。一些彩蛋会让玩家获得一种和时间相关的特殊体验。

在一些游戏当中会发现一些贯穿始终的彩蛋，如《辐射》系列被鲍勃入侵的"树人"哈罗德，他从一开始一个不起眼的 NPC 到后来有了需要玩家决定其命运的剧情，如果按照游戏剧情，这个形象贯穿了一百多年的时间，即便在现实中也过去了 11 年。

在《赛博朋克 2077》中有不少致敬彩蛋，印象比较深的是在大厦楼顶的罗伊彩蛋，这应该是对电影《银翼杀手》的致敬。彩蛋中的那句"所有这些记忆如同雨中的泪水，都将随着时间消逝"也还原了电影中罗伊的经典台词。这部上映于 1982 年的电影产生的巨大影响不必赘述，玩家看到这句话时的感觉可能和在当下看到几十年前《银翼杀手》电影时的感觉类似，也许是一种"时过境迁"的恍惚。无独有偶，在《魔兽世界》中也有一些和时间相关的细心彩蛋，卫兵帕克原来只是赤脊山的一名普通卫兵，湖畔镇的旅店老板达西会给玩家一个任务，让玩家给帕克送午餐，感动的帕克也给了玩家一个任务，让玩家把一束花回赠给达西。但故事并没有完结，等到《大地的裂变》这个版本，玩家会发现帕克已经成为了湖畔镇的指挥官，并和达西幸福地生活在了一起。

我们将这些彩蛋和玩家的相遇称为在时间上的"非一致性的互动"。它指的是游戏中的时间和现实中的时间虽然跨度不同，但二者的互动是真实存在的。换句话说，彩蛋所代表的游戏时间和现实当中我们经历的时间很多时候是不一致的，彩蛋中的时间跨度也是由于剧情需要和故事塑造等因素造成的，现实中的时间是可以确切衡量的。在游戏中，除了前面提到的那些十分有"阅历"的彩蛋外，我们经常会听到游戏中"自从联盟和部落并肩作战，共同抵抗燃烧军团的入侵，已经过去了4年"，"一股可怕的黑暗势力又回到了我们的世界"之类的话语，我们在现实当中的这段时间发生了什么，这段时间的记忆和感受也会被这短短的几句话，被游戏中一些并不怎么重要的彩蛋所表征。这里甚至不需要用"心流"和"绵延"这些和时间有关的理论就可以非常直观地说明：通过彩蛋，我们对时间有了新的体验。

任何事物在时间当中都是"沧海一粟"，哪怕能够影响历史进程的重大事件从时间的角度来看都只是匆匆一瞬，更不用说那些非常微小的个人经历了。因此，这种和时间相关的彩蛋传达出一个特别的信号：有一些事情，时间也许不记得，但彩蛋记得，游戏记得。我们的确存在于时间的河流当中，我们置身其间，永远看不到这条河流的终点，只看到时间一直向前，不会回头。但彩蛋犹如在时间的河流中泛起的一阵阵涟漪甚至旋涡，游戏就好似走在河流边上时而散步时而奔跑的记录员，将这一个个由彩蛋所代表的时间节点呈现给玩家。在这些节点当中，彩蛋承载的正是玩家的时间记忆，它是一个标记、一个符号，指向的却是在现实这段时间中玩家的所有记忆。游戏中的这段时间和现实中的这段时间形成了一段"时间协奏曲"，玩家在这段协奏曲中感受并回忆着。

除了前面提到的《守望先锋》漓江塔地图中为"平凡英雄"吴宏宇设计的彩蛋，以及《辐射》中的"树人"哈罗德彩蛋外，对于以下这些彩蛋，玩家应该也不会陌生：《英雄联盟》中和身患重病的小朋友共同设计的暗星科加斯皮肤，《彩虹六号》中显示的"BostonBearJew"玩家的个人信息，在《塞尔达传说：旷野之息》中纪念岩田聪的萨托利山，《魔兽世界》中名为"芝源"的铭文师，《剑网3》中的NPC浪凌飞等，这些彩蛋有些饱含着温馨感，有些充满了人文关怀，有些凝聚了对人类未来的思考。"英雄精神""时间""生命""爱"这些主题早已超出了具体的游戏内容，上升到了形而上的超越向度。

余论

总的来说，成功的游戏彩蛋总能给人一种乍一看觉得是刻意为之，但细想起来又认为是"合情合理"的感觉。对彩蛋艺术而言，这应该是非常高的评价了："合情"指的是合乎人的审美情感，能够像那些优秀的文艺作品一样，自然而然地激发起人们的情绪；而"合理"则代表着玩家完全可以从理性认识的层面去理解游戏为什么会"在这个时候出现这样的彩蛋"，这种彩蛋既符合游戏的运行逻辑，又符合人们的思维逻辑。

最后我们还是回到彩蛋的发现过程。前文提到的《Starship1》中的彩蛋，是在这款游戏上市后的40年才被发掘出来的。在此之前游戏当中最早的彩蛋应该是同属雅达利公司开发的游戏《冒险》。更加值得一提的是，如果没有那位微软高管的采访，没有他对于游戏的深入体验，以及他对这份热爱近乎疯狂的执着，这个彩蛋也许就此淹没在了被数据信息全面覆盖的数字海洋之中。略显严苛的触发机制丝毫无损这个彩蛋在情感上、历史中以及在美学上的重要意义。或许，Milner一开始设计这个彩蛋时只是出于一种对生活的消遣以及对情绪的排解，或许只是源于一个非常简单的理由，但他对游戏的感情是毋庸置疑的。近半个世纪过去了，电子游戏在计算机和网络快速的更新迭代之下发生着剧变，当时那些简单甚至略显简陋的游戏以及游戏设备早已退出了大众的视野，作为一段记忆进入到了玩家的脑海中。可经过数十年的沉淀，当初这些对游戏的朴素情感并没有褪去光芒，当我们回忆起曾经玩过的游戏，除了宏大的场景、精美的制作、美妙的音乐和动人的剧情外，还有那一个个原本和游戏本身并无密切关联的彩蛋，发现它们时我们会惊喜，不了解它们时我们会疑惑，了解它们背后的故事我们会动容。这时，那些原本和我们生命无关的人和事会与我们的情感产生共振，那一段仅仅是代码的影像也会经过艺术对心灵的慰藉，在玩家的记忆中、在游戏的历史中熠熠生辉。

第四章　游戏个案研究

第一节　"你喜欢篮球吗？"——试析篮球游戏的游戏体验

篮球类电子游戏（后文称"篮球游戏"）作为运动游戏的重要构成，一直吸引着特定的群体。从 20 世纪 70 年代在家用游戏机和街机上出现的篮球游戏的最早雏形（如 1974 年的《TV Basketball》和 1978 年的《Basketball》），到《NBA Live》与《NBA 2K》之间的激烈竞争，再到现阶段手机上的篮球游戏都能给人不错的体验，篮球游戏发展至今已经到了比较成熟的阶段。那么，篮球游戏缘何吸引玩家？当我们在玩篮球游戏的时候，我们又在玩什么？

一、情绪"复现"——篮球游戏中的情绪体验

对于许多玩家而言，篮球游戏有着特殊的指涉，体验篮球游戏的初衷就是他们热爱篮球的初衷，而这其中又涉及到诸多情绪体验。竞争与对胜利的渴望成为了选择篮球游戏的原动力。以热门篮球游戏《NBA 2K》为例。热衷篮球游戏的

玩家对《NBA 2K》系列游戏应该不会陌生，从 1999 年初版发行至今，《NBA 2K》系列已经陪伴玩家走过了 25 个年头。这款游戏是对 NBA 比赛较为逼真的还原，从 5 个司职位置到技战术内容，游戏的各个环节都源于真实的篮球比赛。此外，游戏内容每年都会有或多或少的改动：球员是否还在联赛征战，是否处于巅峰期，整个赛季的状态等，都会根据具体情况进行调整。游戏内也有丰富的玩法模式可供选择。但是无论怎么玩，玩什么模式，游戏的主干内容基本上都是基于现阶段真实的 NBA 比赛模式，加上不断提升的画面质量以及持续打磨直至精细化的操控体验，这些都令玩家置身其中，让他们觉得自己"好像"在打一场真实的篮球比赛。

表面上看，从《NBA 2K》游戏中获得的乐趣有一部分源于我们与 NBA 这类世界顶尖联赛的遥远距离——球星炸裂的运动天赋和身体素质，高质量的比赛亦可以用赏心悦目来形容，即便是再厉害的篮球爱好者也不可能亲身涉足这个领域。《NBA 2K》就是我们对于这个"梦想"在电子、想象层面的实现。但这其实没有办法从根本上解释我们为何乐在其中。实际上，篮球游戏中提供的这种满足应该源于真实篮球运动中的情绪：做出高难度动作时得分的喜悦，压哨逆转时不由自主的叫好，被严防死守时的急切与焦虑，面对远高于自己水平的对手时被零封的无奈……这些基本都是真实篮球运动中情绪的投射。篮球游戏的玩家不仅是在游戏，更是在竞技。虽然从运动心理学的角度看，在成就目标中存在着所谓的任务定向和自我定向，且两种定向有着不同的达成目标的方式与表现，[①] 但就竞技体育本身的目的来说，没有什么比胜利更加让人欣喜，也没有什么比失败更让人沮丧。人们在运动状态中甚至会一度被激情占据，处于忘我的状态。篮球游戏就通过对真实篮球运动场景的再现，以直观的形式将篮球运动能够激发的情绪赋予了玩家。但这只是一个简单的结论，其中的原理需要详细分析。

先谈一下篮球运动本身能够影响情绪的要素。首先是规则。篮球规则指的是在篮球比赛中应用的各种规则，它不仅包括对比赛的定义，对比赛通则的梳理，还包括对技术犯规、干扰球、违例等比赛细节的解释。[②] 这是从客观上来说的。规则是限制，也是自由，篮球运动规则的目的一方面是要让比赛更加顺利地进行，另一方面也起到约束参与者行为的作用。从主观上来看，"规则是固定的，人是灵活的"，规则是由人来具体运用和执行的，因此在具体执行的过程中会生发出各种变化，特别是当运动员对规则的理解与裁判的判罚有出入时，对情绪的影响往往比较直接。其次是技战术层面。技战术能否发挥出来，不仅是影响比赛胜负的因素，也是影响参与者情绪的重要因素，技术充分发挥，做出变向过人、拉杆

① [美] 理查德·H.考克斯.运动心理学（第七版）[M].王树明，等，译.上海：上海人民出版社，2015：77.
② 中国篮球协会审定.篮球规则 [M].北京：北京体育大学出版社，2017.

上篮等高难度技术动作，同时战术运转流畅，挡拆、联防、全场紧逼等战术可以高效执行，全队士气自然十分高涨……影响比赛参与者情绪的因素很多，除了规则的具体运作以及技战术的执行外，还有场外观众的反应、主客场因素、比赛中的心态与自我暗示等等。这些因素的合力共同起作用，久而久之就形成了情绪定势。

篮球游戏就是将篮球运动中由爱好、规则、技术、心态等综合因素形成的情绪定势尽可能地"复现"出来，形成"情动"的效果。从玩家角度来看，他们在篮球游戏中所获得的情绪，也是以对篮球这项运动本身能够使其产生的情绪为基点的。首先，对篮球运动的爱好是"情动"的基础，热爱篮球的玩家去玩篮球游戏，容易获得更丰富的情绪体验，因为他们会将现实篮球运动中的情绪代入到游戏当中，并将这两种情绪相互观照。其次，规则是形成"情动"的保障，一个对篮球规则了如指掌的玩家和一个对规则一无所知的玩家，在游戏过程中产生的情绪是不一样的。前者会觉得规则仅是必要辅助，他们可以随心所欲、愉快地体验游戏，后者却会觉得束手束脚，自然不会产生正面情绪，甚至心烦意乱、远离游戏。此外，主客场和球员伤病等因素在篮球游戏中也会对游戏当中的情绪起着比较重要的作用……

这里需要进一步说明两个问题：

第一，通过前面的论述可以得知，影响篮球运动参与者情绪的诸多要素，说明在篮球游戏中"情动"的产生是有一定条件，或者说是有"门槛"的。这决定了篮球游戏至少在当下不大容易出现像一些 3A 大作那样疯狂传播的情况。但是，这些门槛又恰恰是这类游戏永远有一些特定玩家群体去支持、尝试的原因。

第二，前文阐述了从篮球运动到篮球游戏在情绪方面的"接受顺序"，这是基于篮球游戏是对真实的篮球运动"模仿"的基础上，从游戏创作的角度来看，这个顺序是不可逆的。但这并不代表玩家在情绪的接受顺序上就必须按照创作的顺序来，这些问题并不是绝对的，需要以历时的态度来具体问题具体分析。对于绝大多数 80、90 后来说，他们在篮球运动中情绪的产生应该是先于篮球游戏的（互动问题之后会谈），这和他们接触运动和游戏的时间先后有关。但 00 后、10 后就不一定了，越来越多的孩子是先体验到篮球游戏再接触篮球运动的，他们所获得的"情动"在虚拟与真实关系发生变化甚至逆转的情况下又是什么样子？对于这个问题，笔者将另外撰文讨论。

二、回到起点——电子游戏与关于篮球的记忆

除了复现篮球运动的情绪，篮球游戏之所以能够引起共鸣，让玩家乐在其中，还因为这些游戏同篮球的记忆有着密切关联。对于一些篮球爱好者来说，这个问题大概不值得去深入探讨，因为有时对一些人与事的热爱完全不需要理由，和篮球相关的记忆在他们看来也是非常个体化的，他们可能

会因为各种各样的原因爱上篮球。不过，虽然记忆是个体的，但如果对特定的时间段加以考察便能发现，喜欢篮球的原因应该是可以分类的：看篮球比赛、看漫画、进行篮球运动等。另外，在探讨篮球电子游戏的过程中，篮球的记忆是不能不谈的，这段记忆亦说明了为什么好的篮球电子游戏可以如此吸引那些特定的玩家。

在与许多热衷篮球游戏的玩家的交流中，笔者发现他们或多或少都有对于篮球的记忆。《灌篮高手》是他们不可能不提及的一部漫画，可以说在 80、90 后那一代人中，《灌篮高手》已然成为了"里程碑式"的存在。这部从 1990 年开始在《少年 JUMP》上连载的漫画，不仅在其诞生地日本产生了巨大反响，其细腻的画风、热血的剧情和真挚的情感更是打动了全球各地的读者，加上后来东映又拍摄了《灌篮高手》的动画片，其直接影响就是让越来越多的人喜欢上了篮球这项运动。对于有类似记忆的篮球游戏爱好者而言，一些游戏无疑是十分具有吸引力的。

以《灌篮高手正版授权手游》为例，这款真人实时篮球竞技手游里面的球员均来源于《灌篮高手》动画，也就是从县预选赛到全国大赛之前的球员。游戏根据动画中人物在球队中司职的位置和球风定制了不同的技能，让他们在比赛中能够最大限度地发挥作用，如集训前的樱木花道有着很强的篮板能力，宫城良田突破和抢断能力突出，牧绅一的各项数值都非常均衡……除了技能和数值设定外，《灌篮高手》当中频繁出现的 Q 版造型令人印象深刻，游戏中的人物就是以这种造型设计的，让人感到十分亲切。加上较为还原的配音，所有这些都能够唤起玩家曾经的记忆。当然，游戏也存在一些问题。比如，或许正是由于卡通造型的设定，让玩家多少存在一些和真正《灌篮高手》世界的疏离感，偏快的游戏节奏令游戏有些"篮球火"的既视感，一些角色设计缺乏创新而被视为"缝合"……当然，这款游戏只是比较晚近的和《灌篮高手》相关的游戏，实际上早在 1993 年动画播出之后，"万代"就开始在任天堂主机和掌机上面发行推出《灌篮高手》的漫改游戏。这些游戏的共同点概括起来主要有两方面：从实质内容来说，这些游戏都和《灌篮高手》的原著或原版动画有关；从表现形式来说，这些游戏都指向了一个关键词——影像。

影像，如本雅明所说，处在曾在之物与当下在一瞬间共同汇集而成的星丛当中。它不是过去，亦非现在，而是在过去与现在之间寻找着、激发着、创造着。那些看似尘封了许久甚至很有可能就此逝去的过去并非毫无意义，影像让其具象化，用当下的时髦说法来讲，它让"那些死去的记忆发起了进攻"。不妨先行回到现实之中，我们对于篮球的记忆是什么？换一种说法，那些残存在我们脑海当中的篮球记忆是什么？当问起有些"资历"的球迷时，我想得到的回答是一个个如数家珍的、和篮球有关的"影像"，它们是乔丹的"The Shot"，是姚鲨对决，是麦迪的 35 秒 13 分，是科比打猛龙时独得 81 分，是詹姆斯的爆发，是勇士开创的小球时代；它们是世锦赛中国男篮绝杀斯洛文尼亚，是奥运会击败德国男篮进入八强，是中国女篮 2022 年的世界杯亚军，以及刚刚夺得的亚运会冠军……这些影像已然成为了不同年龄段球迷的"独家记忆"。在某位篮球明星退役后，总会有一部分球迷不再看球，或者看球时间明显减少，这并不是因为比赛不精彩，竞技水平不高，而是因为对他们而言无比珍贵的记忆就此定格，与之相关的影像无法再继续呈现了。回到篮球游戏上来。现在的篮球游戏有很多是"即时"的，里面的球员均为现役球员，这是对于现在仍然在看比赛的玩家来说的，但一些游戏中有这样一种模式，玩家可以自己选择任何一个时代的球星或球队去完成自己的篮球生涯，那些怀旧玩家挑选的常是自己很久之前崇拜的篮球明星或者球队，他们用自己喜欢的方式打造自己的王朝，即便所欣赏的球星在现实中已经上了年纪，垂垂老矣，甚至已经过世，即便喜欢的球队现在已经辉煌不再。

可以看出，篮球游戏是以一种特殊的影像形式让玩家关于篮球的记忆鲜活了起来，并将这些记忆激发了出来。人的记忆是一种特殊的存在，它有着不同的表现形式。一种表现是短期记忆，它类似于开车时不断后退的街景，视觉对于短暂时间之前画面的接受是有着比较连续、完整且忠实的再现的，但这种记忆持续不了很久就会被另一种重构式的记忆取代。当我们去回忆当时在车上看到了什么时，我们需要调动自身来对这段记忆进行重新塑造。或许开车那天我们心情很糟糕，对那后退的街景习焉不察，甚至觉得有些晦暗，但当有人问起我们那天看到什么时我们恰巧情绪高涨，关于那天的不快记忆反而变成了充满色彩的形容。这些记忆都有着较强的主观色彩。影像的特别之处就在于它提供了一种相对客观的存在——它一方面能够比较可靠地还原记忆，但另一方面又无法绝对客观地呈现过去，它注定与"我"有关，即便是重复的影像也会在与"我"发生关联时产生各种各样的变化。电子游戏是承载着特殊意义的影像，篮球电子游戏亦如此。一方面它本身的内容来源于人们熟悉的篮球，当然可以勾起人们关于篮球的记忆；另一方面，电子游戏的影像本身也需要玩家的参与和切身的体验。我们不妨做这样一个实验并进行如下步骤：第一步打开一款有存档功能的篮球游戏；第二步打开随机对战进行游戏，在比赛进入某一节时存档；第三步存档后退出游戏；第四步读取这段存档继续体验；第五步退出游戏，再打开刚才的存档继续游戏。我们会发现，即便是读取同样一段存档来重复游戏，得到的游戏体验也会因为在之后游戏中遇到的各种情况而不完全相同，当然，我们也能说游戏中的各种可能都是预先设计好的，但这丝毫不会妨碍作为"在场"的玩家为这些"可能"的出现提供了契机这一显而易见的事实。可以说，这段关于篮球的记忆正是因为"我"的存在而有了生命，而这段原本属于电脑数据的篮球影像（游戏本身）似乎也因为"我"的操作而变得特别，而有了温度……

　　这就涉及到对篮球游戏中影像特殊性，亦即对它和现实当中真实篮球运动的不同之处这个问题的阐释了。在真实篮球运动中，我们的身体是完全主动的，我们所做出篮球动作的限制因素也是绝大部分存在于主观层面：身体素质、力量程度和防守强度等等。但我们在篮球游戏中的体验却有所不同，表面看，的确是我们在控制着游戏中的球员，是我们在玩游戏，玩家和影像的主客体位置看上去是绝对且稳固的。但实际上是我们在和影像发生着频繁的互动：我们把操作给予了影像，影像再把结果反馈给我们，这种反馈的结果并不仅仅是指导我们的下一步行动这样简单，这种反馈更强化了我们对于篮球的相关记忆。玩家在这一过程中也在通过影像获得关于篮球的新感受、新理解，关于篮球的认识亦在传统理解的基础上增加了新的维度，对篮球的固有认知也随之发生了改变，生成了另外一种和传统截然不同的认知篮球的机制，真实篮球运动当中的"肌肉记忆"在篮球游戏中就演化为了"肌肉记忆＋影像记忆"。这种新的认知机制说明，在篮球游戏当中没有了绝对的主客体之分，影像与"我"彼此能动互渗，游戏的过程就是"主体影像化，影像主体化"的过程。在这个过程中，主体密切参与到了游戏影像的生成与建构当中，而"唯有与人的相遇，这些无生气的影像才能获得魂，成为真正活的影像"，[1] 影像在这时也变得活跃，影响着主体关于篮球记忆的塑造与形成。这就开辟出一条从"主体 - 客体"通往"身体 - 主体"的通路，这条通路指向了和身体相关的操作体验上。

三、操作体验——玩家在游戏中的"身体芭蕾"

"哈登的后撤步打爆你！""库里的出手那么快，根本无法封堵！""给姚明啊，根本盖不着！"听到这些话，我们需要结合语境才能分辨出人们是在看游戏还是在玩游戏。"后撤步""出手快""盖不着"，这都是球员在 NBA 中的突出特点，我们在游戏中也会通过对这些球员的操作而产生不同的体验。可如果分析这种体验就会发现一些值得探讨的问题。

在最近推出的一款篮球游戏——《全明星街球派对》中有一个很有意思的部分，就是球员信息介绍。在原创球员胡里奥的球员档案中有一段很有意味的描述：

> 追求突破的探戈舞者。灵活的步伐踏住音乐节拍，兼具力量和美感；他喜欢从生活细节中寻觅舞蹈创意，以'融合'的理念设计作品。从篮球攻防的节奏美感中获取灵感从而诞生的探戈作品《对峙》，就是对这一理念的最好的诠释。

---

① ［意］吉奥乔·阿甘本. 宁芙［M］. 蓝江，译. 重庆：重庆大学出版社，2016：64.

虽然我们不知道，也不可能知道这部探戈作品《对峙》的具体内容，但却能借此来进行一些合理的推测。首先是对胡里奥球风的分析，作为4号位（大前锋）球员，胡里奥算得上是很有特点的一个：转身补扣、切入扣篮配合灵活的防守，其球风果有一种探戈舞步的感觉。相应地，这种舞步也给予我们一些启发，即一种篮球运动美感的存在。对这种美感的观审首先遵循着一般美感原则，即需要审美主体对审美对象进行欣赏，但正如有学者指出的那样，篮球运动美感的特殊性在于，篮球运动员在比赛时，既是审美主体（观众）的审美对象，又是自我欣赏的审美主体。① 从篮球运动美感的特殊性中，亦可演绎出一种更深层次的影响与互动。

球星比赛时的表现经常给人留下深刻的印象，他们做出的一些动作也引起大家争相效仿，如奥拉朱旺的"梦幻舞步"、诺维斯基的"金鸡独立"、欧文充满艺术感和创造力的球风等等；甚至一些个人习惯性动作，如乔丹的吐舌头、穆托姆博的摇手指也有不少人模仿。经常观看这些球星比赛的篮球运动者们，在训练比赛时会或多或少受到他们影响，加上长时间地接触篮球，进行篮球运动，玩家形成了自己对于篮球的认知与记忆。在电子游戏中，玩家将自己关于篮球的认知和记忆同电子游戏的影像结合，通过操作游戏与影像发生互动，并最终获得愉悦体验。笔者将这种互动简述为"球员 - 运动

---

① 刘成. 篮球运动美学论纲 [M]. 兰州：甘肃人民出版社，2009：146.

者—玩家—体验"互动。这一互动从解释上来说是"从……到……"的,但如果从玩家最后获得的体验感来说,这一系列的体验和操作很多时候是同时发生,并且是无意识的。

戴维·西蒙(David Seamon)所讲的"身体芭蕾"(body ballet)可以恰切地解释这一现象。"身体芭蕾"直接由"身体—主体"主导操控,是"身体—主体"多样性的体现,它指的是一系列整合在一起的行为,用以完成特定的任务或目标,是体力技能或艺术才能的整合,其总体构成了一个人的生活。与此同时,一旦掌握了一项活动的基本操作,"身体—主体"就可以创造性地改变其行为,快速满足当下的特殊需要。[1]"身体芭蕾"拓展了梅洛—庞蒂对身体主动性的强调,即"身体对心灵而言是其诞生的空间,是所有其它现存空间的基质"。[2]在现实中,运球、传球、投篮都是篮球的基本功,有过基础篮球训练人应该都知道,只有打好基本功,才能够顺利地完成胯下运球、变向过人、拉杆上篮、抛投等难度较高的动作。篮球游戏同样如此,在游戏开始的训练环节,通常只会对基本的篮球动作进行教学,一般是运球、传球等基础动作,然后是投篮、上篮、抢篮板等常规动作。基础训练完成之后,稍微理解玩家一些的游戏都会加入几场难度不算

---

① Anne Buttimer and David Seamon, *The Human Experience of Space and Place*, Croom Helm, New York and London (1980).

② [法]梅洛-庞蒂. 眼与心·世界的散文 [M]. 杨大春,译. 北京:商务印书馆,2019:55.

太大的实战训练，毕竟"纸上谈来终觉浅"。可一旦进入实战，玩家便会发现由于自己一开始对动作按键的不熟练，加上比赛局势的瞬息万变，经常会出现手忙脚乱按错键的情况，更不用说现在有许多篮球游戏动辄就会提供十余名甚至数十名球员让玩家体验。这些球员位置不同，特点各异，在电子游戏当中的直观体现就是他们技能对应的按键以及施放出来的效果往往大相径庭，这无形间也加大了游戏的难度。但玩家可不会轻易放弃，而是一遍又一遍地进行着尝试。随着对游戏越来越熟悉，玩家会自由地操作球员，各种闪转腾挪、花式运球，各种技能连招、轻松写意，真正地掌控比赛——"按键—操控"就成为玩家"身体—主体"正在进行的一场"身体芭蕾"。可能很多人认为这只是简单的"肌肉记忆"，但"身体芭蕾"远不止如此，它是建立在记忆与情感基础上的。玩家在数字游戏的体验过程中，由于影像的作用，其本身对篮球的记忆与情感被激活，而篮球运动的美感又为游戏影像的美感所体现，为游戏玩家所感受，因而形成了"身体芭蕾"的动人协奏。

　　进一步来说，"身体芭蕾"并不是终点，在这个概念的基础上还需要引入"时空惯例"这一概念。后者和前者相比，其内涵虽有共性，但更加侧重于习惯层面。在真实的环境中，两者的合力就形成了一个空间环境动态，即有着强烈情绪和时空感的"地方芭蕾"。① 无论玩家在平时如何训练，如何形成技能的肌肉记忆，一旦走上了篮球场这个特殊的空间，所有发生的一切都要被重估、被重构，"篮球场"本身内含一种特性，会和球员（玩家）发生互动，在竞技状态下，"篮球场"就成为身体能动性得以生发和创造的场所——赛场。为什么有些人在自由训练时发挥神勇，而到了比赛时就"拉垮"了呢？这是因为作为空间的"赛场"并非一个场地那么简单，它本身是一个让人们进行"芭蕾"的舞台，它可以将所有的情感与情绪放置其中，产生各种各样的可能，并且与平时习惯相结合，使人们获得真正的地方感。值得一提的是，"地方感"不仅指人们在某个"地方"获得的感受，"place"亦有"场所"之意，它还指代着在场所中人们的一切活动，包括从生理、心理活动中获得的情感。在地方芭蕾成为自然的基础上，人们可以进一步发挥自己的能动性和想象力。熟练的篮球运动员经常可以在比赛中做出令人难以置信的动作，这不仅仅是潜能激发这么简单，其中时空芭蕾也在起着作用。在这里，身体芭蕾与时空惯例、秩序与自由之间达到了协调与默契，如同篮球场是运动者真正的舞台那样，篮球游戏正是从"身体芭蕾"到"地方芭蕾"的强化过程。

最后，本文希望简单总结篮球游戏的游戏体验：在篮球游戏中，对情绪的复现给予了玩家直接的游戏体验，使玩家

---

① ［美］戴维·西蒙 . 生活世界地理学 [M]. 周尚意，高慧慧，译 . 北京：北京师范大学出版社，2022:54.

获得与篮球运动近似的情绪——"情动"；在情绪的作用下，影像与身体在游戏赛场的深度互动留存并更新着玩家关于篮球的记忆；玩家还通过具体的游戏操作与"地方芭蕾"将情绪、记忆和创造赋予了身体，从而最终获得一种基于篮球运动又有别于篮球运动的独特游戏体验。

余论

迎面走来几个孩子，中学生模样，他们穿着校服聊着天，走到离我不远的地方，中间那个高个子男孩不知道说了句什么，突然就跳起来做了一个后仰跳投的动作。那一刻有些心不在焉的我突然想起，我也曾经这样过，我们都曾这样过。

我不知道我的记忆与他的记忆有多少重合，或许很多或许很少；我没法预想他到了我这把年纪还会不会偶尔打开电视"忙里偷闲"地看一场比赛，会不会约上好友在工作之余去打一打"养生篮球"。但我很清楚，我和他一样，从被篮球这项运动吸引的那一刻起，我们的热爱就以不同的方式呈现出来并延续下去。这热爱可能被误解，被遮蔽，但其本身绝不会因岁月而褪却光芒。我们想在一场场球赛中找到它，我们想在不再年轻的身体中抓住它，我们想在电子游戏的影像中怀念它，我们却不想最终在生活中失去它。

这样说来，我们对篮球游戏的喜爱，能否成为我们热爱篮球的表征？游戏结束，关掉电脑，放下手机，我们重新回归到了生活当中，游戏里的遗憾能否让我们快"石化"的身体重新燃起打篮球的渴望？身体机能的不足或衰退又能否通过篮球游戏中飞天遁地的角色来加以弥补？虚实之间的关系不易厘清，生活相关的问题更难作答。不过，每当这时，我们不妨坦然走向面前的"晴子"，去回味并回答那个最原初、最美好，也最纯粹的追问："请问，你喜欢篮球吗？"

第二节　死亡之于游戏——从"暗影国度"中的生死体验谈起

《魔兽世界：暗影国度》（《魔兽世界》9.0 版本）于 2020 年 11 月正式实装。与以往版本扎根现实世界不同，该版本中"暗影界"的设定向玩家提供了一种可能，让玩家能够一探彼岸世界的究竟。某种程度上说，这也为我们提供了对那不可描述的死亡的一种体验，这种体验丰富了我们"生"的世界。但所有这些还要从一个外人看似反常，但对于电子游戏玩家而言再正常不过的现象说起。

一、"死"：游戏玩家的口头禅

我们在生活中很少谈论死亡，特别是平时交谈的时候。聊得好好的，一个人突然谈到"死"，便会让参与谈话的人倍感不适，特别是儿童，他们不能接触成人所认为的文化禁忌，在成人与儿童之间我们看不到对话的声音，儿童只是成人内心理想的一种投射物。^① 这既是出于儒家文化圈对于死亡"禁忌"的传统，也源于死亡本身的"不可知"。对于现实生活来说，死亡有时是能够预料的，对于一些人在某个时候、出于某种原因的死亡，可能身边人早已做好了一定的思想准备；但有些时候的死亡是完全无法预测的，一位前几分钟还在聊天的朋友突然离开人世，一位上周刚出去聚餐的亲人突然撒手人寰……每每在这个时候，我们总会不由地产生一种幻灭感和空虚感。死亡总会在某时、某人、某种原因之间产生着某种变量，这变量在向人们展示着生命的无常。

然而，如果你去网吧或者玩电子游戏就会发现"死"是人们经常使用甚至会"脱口而出"的字眼。当游戏角色在野外反复被高等级的怪杀掉，我们会大吼"怎么又死了"；当开荒高难度的 boss 时，"死亡"甚至有了自己的专有名词——"团灭"。"死亡"是电子游戏中的一个十分独特的设置，它既是游戏的终结，亦是游戏的开始。俄罗斯方块中的"死亡"以方块布满全图无法消除为准；超级玛丽中的死亡发生在给予的生命次数消耗殆尽之时；拳皇中的死亡则伴随着游戏结束时候的"K.O"而发生。因而当玩家触发了游戏中死亡的条件时，我们都可以说这个角色"已经死了"。这个时候我们会发现，"死"对于电子游戏的玩家而言似乎成了司空见惯的事情。

---

① 徐杰."死亡"：作为被规训的禁忌——儿童文学中的死亡书写尺度[J]. 理论月刊，2014（06）：94-97.

游戏中的死亡从何而来？这似乎是一个"伪命题"。如果从死亡本身的角度来看，游戏中的死亡显然是从现实中来的——现实中的人终有一死。但如果这样说，就无疑缩小了死亡的范围，因为死亡不仅仅存在于现实中，它还有不为人知或者不可能为人知的一面。在游戏角色死亡之后的那个世界，则体现出了死亡的另一个面向。笔者认为，"死亡"这个话题，不仅体现了电子游戏和现实异同的交汇，更可以通过电子游戏，让人们对死亡相关的话题有更加深入的思考。

二、现实与游戏中的死亡

2020 年 11 月，《魔兽世界：暗影国度》正式上线，"彼岸的世界有什么"是这部资料片的核心命题。不同于以往的版本，该版本最大的特点在于"暗影界"的设定，该设定体现了对于彼岸世界的深刻挖掘。在过去的版本中，角色在死亡之后会变成灵魂状态，他周围的一切都会变成灰白色，他在游戏中除了做一些简单的操作之外，无法进行任何有意义的活动。他需要重新回到自己"挂掉"的地方，让自己的灵魂回归肉身，这样才能正常地在现实世界活动。我们知道，在西方"灵魂"观念是根深蒂固的，人们普遍相信有一种不同于物质的灵魂存在。在《斐多篇》里，即将从容赴死的苏格拉底就说："我们认为死就是灵魂和肉体的分离；处于死的状态就是肉体离开了灵魂而独自存在，灵魂离开了肉体而独自存在。"① 尽管和物质相联系的肉身消灭了，但非物质的灵魂仍然会继续存活。《魔兽》中玩家扮演的角色死后的灵魂设定本质上就是这种观念的体现。

但《魔兽世界：暗影国度》对于死亡的设定则更加独特：它本身就是一个死亡国度。肉身在死去之后，其灵魂会接受评判，不同禀赋的灵魂会被送往不同的世界（地图），这里有末日审判的意味。人们在死后首先会来到永恒之城奥利波斯，在这里接受仲裁者的审判，之后会被送往和自己"禀赋"相吻合的地方。比如，生前乐于奉献的人死后就会被送往晋升堡垒，成为格里恩并接受勇气试炼；生前热爱、亲近自然的人死后会被送往炽蓝仙野，他们会成为法夜守护这片土地；而生前争强好斗、崇尚力量的人死后便会由仲裁官判决，送往玛卓克萨斯……此外，在过去不同时空死去的肉身的灵魂大部分都会在暗影界找到。我们可以在这里见到萨尔已故的母亲德拉卡，被阿尔萨斯用霜之哀伤刺杀的导师乌瑟尔等玩家熟知的角色。因而，对于这个版本来说，玩家体验游戏的过程本身就是和死去之人的互动。延伸说去，这种独特的设定其实寄托了我们对"身后世界"的美好想象：现实中与我们阴阳两隔的亲朋好友，因时代差异而无法结识的英雄豪杰，一切时间和地域的差异都在此被拉平，无论是再续前缘，还是弥补遗憾，在这个世界中都是可能的。因而这种设定不仅

---

① ［古希腊］柏拉图. 斐多 [M]. 杨绛，译. 北京：三联书店，2015：18.

极大地消除了我们对死亡的恐惧，甚至还能带来宽慰。

你也许会问：既然暗影界是一个亡者国度，玩家扮演的角色如果在这里死亡怎么办呢？首先，虽然设定是死亡的国度，但玩家的游戏体验和之前没有什么不同，这个"死亡国度"的观念只是背景（外）和观念（内）上的。也就是说，如果玩家在完成任务或者打副本的时候死亡，他们会像之前一样，变成灵魂去寻找自己的肉身，除了"噬渊"这个地图的死亡设置是个例外。噬渊是生前最为穷凶极恶、十恶不赦之人死后被发配之地。在这里，玩家不能像在其他地图那样跨上坐骑，也要时刻注意"典狱长"对噬渊中的玩家的搜查和处罚。在噬渊死去的玩家会失去部分"冥殇"（一种重要的游戏道具），他必须找到自己的尸体才能重新拿回已失去的冥殇。可以看出，这种对于彼岸世界的刻画十分接近艺术的表达，它部分源于现实，部分源于想象。

我们知道，"艺术"是对游戏的诸多定义中的一种，现在的游戏批评中，艺术可以作为游戏的一个向度而存在。进一步来说，作为艺术的游戏既能模仿生活（现实维度），也能反映死亡（超越维度）。颜翔林教授在《死亡美学》一书中曾就艺术能够反映死亡这一特点进行了描述，指出："死亡在现实中是一个绝对实在的现象，而一旦进入艺术领域就可能带有虚假性和非实在性，它和生命之间不再存在一堵无法逾越的墙。"①艺术中的死亡要比现实中的死亡更加复杂多样。如果说在现实中，生与死是作为势不两立的状态而存在，那么在艺术中，"生与死"甚至能够和谐共生。我们时常能够在许多文艺作品里发现生者和逝者的相遇。在《神曲》中，但丁可以遍访死者所在的世界——天堂、炼狱和地狱；画圣吴道子根据自己想象就能够画出存在于玄宗梦境之中且已经死去的钟馗；哥特小说中的吸血鬼、明清小说中的神鬼志怪，都在一定程度上出自对死亡的想象；在里尔克、霍夫曼斯塔尔的诗歌中，死亡甚至被赋予了一种"诗意"。康定斯基曾经谈到过生命和死亡的关系，在他看来，"把死亡视为生命比把生命视为死亡要好，哪怕有那么一刻这样认识也不错。只有在获得自由的土地上，才能再一次长出东西来"。②我们需要仔细分析一下这句话。诚然，现实当中我们往往把生命视为死亡，或者说，将生命当作走向死亡的过程，这当然是符合实际情况和自然规律的，毕竟人从出生开始就在消耗着生命，每过一秒就距离死亡更进一步；但艺术则不然，它将死亡视为一种生命，通过艺术想象，文艺家们让死亡充满了创造的元素。我们可以回过头去鉴赏一下前面提到的那些涉及死亡的优秀的文艺作品，在这些作品当中，死亡并非如它本身所应该包含的意义那样是僵死的，总是板着一副严肃面孔，相反，它

---

① 颜翔林 . 死亡美学 [M]. 北京：中国社会科学出版社，2014：198.

② [俄] 瓦西里·康定斯基 . 论艺术里的精神 [M]. 吕澎，译 . 上海：人民美术出版社，2020：128.

其中充满了节奏和韵律，充满了一种具有超越意味的美感，艺术便通过这种方式获得了自由和新生，在原本贫瘠如今却出现生机的土地上生长出了艺术之花。

相应地，对于作为艺术的电子游戏而言，这种"生与死"的二元对立也并不是非此即彼的。一方面，游戏对现实的反映是有迹可循的，游戏应该可以发挥自己艺术的功能，去模仿现实。当然，也和所有艺术一样——"这不是一只烟斗"，游戏艺术中的影像来源于现实，但毕竟不是现实，其中有设计者、体验者对于游戏影像的想象。但另一方面，游戏中的死亡则代表着另外一个维度，因为对于绝对的死亡而言，似乎任何与之相关的表达都只是相对的想象而已。不同的游戏对于死亡的表达方式不同：有些游戏角色死掉之后可以重生且有若干条生命，可以让玩家"再来几次"，而当这些生命耗尽之后，屏幕便会显示"game over"。有些游戏则在玩家死掉之后让玩家进入另外一个世界，呈现另外一种状态，玩家需要做出努力才能回复到之前的状态，否则就会停留在死亡领域之中。这就出现了关于死亡的双重想象：首先是人们对死亡本身的处理就是有想象成分的，可以通过赋予角色以生命次数来让他们重新来过。而对于死亡世界的刻画则更加加深了这样的想象——因为没有人知道身后事究竟如何，人们只能在现实的基础上进行艺术性、想象性的加工，在这一方面，电子游戏的艺术性充分体现出来。

三、面对死亡，电子游戏能做些什么？

让我们再次回到现实当中。古往今来，有许多思想家谈论过死亡，而在"如何坦然面对死亡"这一问题上，伊壁鸠鲁的观点比较典型。他对于死亡的看法和他的原子论观点密不可分。在他看来，灵魂在身体之中由光滑的原子构成，因而可以非常敏锐地感知到各种情绪，当然包括死亡。但是当身体死亡之后，灵魂也和身体一同死亡了，因而人便不会感受到诸如痛苦、悲伤等情绪：

让你自己习惯于这种想法，即死亡对我们而言没什么。因为一切善恶都来自感觉，而死亡却是消除了所有感觉。所以死亡对我们而言没什么的正确理解就是这样来享受有朽的生活，即通过消除对不朽的渴望，而不是增加无限的时间。对一个真正明白了对于不存在而言没有什么痛苦的人而言，在生活中就没什么痛苦……死亡，作为所有恶中最严峻的，对我们也没什么，因为当我们还生存时，死亡还未来临，而另一方面，当死亡来临时，我们也就不在了。对还在生存的和死去的人都没什么，因为对前者而言死亡还没来，而对后者而言，人已经没有了。①

说得再明白一些，没有感觉到的就是不存在的，由于感

①　[美]诺尔曼·李莱佳德. 伊壁鸠鲁 [M]. 王利，译. 北京：中华书局，2005：62.

觉不到死亡，所以死亡便没有什么值得恐惧的。这当然是强调了感觉的现实性。这种充满"感觉中心论"的观点的确可以成为人们追求现实幸福生活的一种有力证词，在"一定程度上"缓解死亡带给人们的恐惧。谢利·卡根（Shelly Kagan）的观点和伊壁鸠鲁遥相呼应，"恐惧要成为恰当的情绪，一定要满足三个条件：你恐惧的对象必须是不好的，坏事将要发生的概率必须是不可忽视的，而且你不确定这件坏事将要发生。如果你确定这件坏事的性质，而且确定它一定会发生，那么恐惧就说不通了"。[①] 在如何面对死亡这个问题上，"感觉不到死亡""理性面对欲望""把握当下"自然不失为一种办法，但实际上这一方面是在心理上面的慰藉，另一方面这些观点似乎把对死亡"悬置"了起来，基本仅停留在死亡问题的门前，这当然无法代替对死亡话题本身的反思。

人人都要面对死亡，甚至可以说"死"是人生的终极目的。死亡是不可重复、不可知、不可经验的："不可重复"指的是一个人只有一次死亡；"不可知"意味着活着的人们并不知道死亡之后是什么样，当然这就代表着死亡的不可经验性——即便经历了也没有机会说出感受，这决定了死亡只能想象。类似于佩妮·萨托利那样对濒死体验（一种濒死时的无意识体验）的研究，其目的的确是要帮助人们认识死亡，但那只是最大程度上接近死亡的限度，却无法完全逾越死

---

① ［美］谢利·卡根.死亡哲学：耶鲁大学公开课 [M].贝小戎，蔡健仪，庞洋，译.北京：北京联合出版公司，2016：318.

亡。正是死亡的这种特性决定了它的终极意义以及人们对它的畏惧。认识死亡问题的方式有很多，从经验层面看，最简单的方式是共情，即对动物的处境、他人的境遇等产生情感上的共鸣，而在共情的基础上人们还可以通过反思来认识和死亡相关的问题。在当下，电子游戏可以成为反思死亡的一种方式，它通过多种多样的想象和呈现方式，为死亡之思提供或者说创造了更多阐释和言说的可能。对于电子游戏而言，"死"作为一种始终伴随着玩家的存在，无时无刻不在影响着玩家的行为。很多情况下，我们历尽艰辛去打怪、升级，只不过是为了或者尽可能避免死亡（实际上绝大多数下情况无法避免），或者让死亡来得晚一点，或者让死亡次数的消耗慢一点。这种"求生欲"似乎是与生俱来的，这方面看，游戏中的死亡对于玩家的威慑力从本质上同现实中我们要面对的死亡没什么不同。但最重要的差别在于，现实世界不可知的死亡却能够通过游戏去经验，或者说去感知。之前小岛秀夫制作的《死亡搁浅》中的"傀儡 BT"设定能够让我们感受到生与死之间的界限。而《魔兽世界》"暗影国度"这个版本也给了我们一次从某个意义上去"经验"死亡的机会，因为我们主要活动的区域就是暗影界这个亡者存在的国度。尽管包括笔者在内，很多评论者和玩家都觉得暴雪是在"填坑"，因为之前的一些剧情，如天灾军团的科技、恐惧魔王的由来等在过去无法自圆其说的问题，都可以在"暗影国度"中找到答案。也许开发商认为，现实无法解决的东西如果放在形而上的层面反倒能说通了。但我认为这只是从叙事的角度来看。问题的关键在于，《魔兽世界：暗影国度》提供给了一个难得的机会，让玩家去经历死亡，体验亡者逝去之后的生活。也就是说，当踏上暗影界这片土地的时候，我们实际上正在经历的就是"身后"的世界了。相应地，关于死亡的思考也会潜移默化地进入到我们的观念之中，换句话说，暗影界的设定恰恰给了我们一种"死后"的答案——死亡之后看到的景象可以是这样的。

然而，这伴随着一个游戏的终极悖论：游戏结束时的死亡算什么呢？是一种彻底的虚无还是重生的开始呢？对于通关的渴望是一种生命的信仰，而通关之后的索然无味也许代表着永恒的死亡。游戏总会有尽头，如同人的生命。且不说许多单机游戏是有最终结局的，即便是MMORPG游戏也有相对"毕业"的时候。然而，我们还是不断地朝那终将到来的时刻奔去。我们一遍又一遍地打怪、刷副本，只是为了刷出一件心仪的装备，但有些装备我们刷了许久却不会出（也可能一直都不会出），这好像加缪笔下的西西弗斯；我们完全沉浸在电子游戏的世界，暂时抛开了周遭的所有关切，又好像萨特笔下的洛根丁。可当那一天到来的时候，当你的"本质"基本被确定的时候，我们很多人也绝不会后悔，因为我们玩过、努力过、存在过，这种存在让我们明白：我们并不是简单的玩家（player），而是游戏的创造者（maker），是意义的生产者（producer）。这不只是游戏的意义，也可以是人生的意义。这个过程可以如卡夫卡所言，将"生命的终结"当作其意义，可以如海德格尔所说，是一种"不可能的可能性"得以实现的过程，甚至可以像埃默里那样，认为在面对死亡的时候能感受到"此前无法达到的亲密"。① 但无论如何，我们只有"在向死而生的真相面前做出自己勇敢的选择"，才能"进一步地走出自己的人生"。② 我们当然不主张以游戏的态度面对死亡，觉得死亡是一件无关紧要的事情，而是认为我们能够以从游戏中获得的一些对于死亡的经验来认识死亡，说得程度轻一点，是"窥见"死亡的一隅。

当下，人们的生活水平在不断改善，但人们的精神压力却不减反增。过去优哉游哉的工作和生活状态被现在的忙碌和奔波所替代，并有愈演愈烈的趋势；过去偏重于集体生活的观念也被更多地融入进了个体性因素，相应地，个人的生命价值也逐渐被重视了起来。而其中的一个表现，就是越来越多的人似乎变得不那么禁忌谈及死亡，甚至对于死亡的诸多问题开始了较为全面的研究和探讨。在西方，从古希腊的先哲柏拉图、亚里士多德，到中世纪的奥古斯丁、阿奎那，再到现代的海德格尔、福柯、德勒兹，都对生与死的关系以及死亡究竟是什么等问题进行过深入的探讨；而在中国，早在春秋战国时期，老子、孔子、庄子等人也已就死亡问题进

① ［奥地利］埃默里. 独自迈向生命的尽头 [J]. 徐迟，译. 厦门：鹭江出版社，2018：86.

② 姜宇辉，陈赛. 学会幸福 [M]，北京：机械工业出版社，2019：166.

行过论述。他们对死亡这一问题的看法极大地拓宽了我们对于死亡的认识。其实，"不知生，焉知死"也好，"不知死，焉知生"也罢，这种讨论永远无法结束，可对生死议题的关注并非完全没有意义。尤其是在当今这个信息化时代，人们遇到了许多先辈们从未遇到过的新命题，人们对于死亡的认知也由于科技的发展而进一步深化。

从电子游戏的角度来进行关于生死的讨论，一定程度上超越了传统的、二元对立的生死观，我们也能以此为契机，将这种讨论移植到现实中。一般人对于生的了解要远多于死，这种不平衡显然加深了人们对于死的恐惧，而游戏中死亡的体验也许能够弥补这种不平衡——尽管这种弥补在一定程度上是想象的、虚构的。这样，我们对生与死的理解就在现实之中达到了和解，如同"在悲壮地抵抗过后，人类最终只得与死亡握手言和"。① 诚然，对于死亡的认知当然可以不通过游戏来获得，但既然我们已经成为了玩家，那么这种对于生命终极问题的思考便不应该在游戏体验中缺席。在游戏中，生命的次数终将耗尽，游戏也会有通关的那一天，但这并不妨碍我们在这之前认真经营、用心感悟游戏带给我们的美好；同样，对于死亡的思考无疑拓展了生命的维度，"在我们即将离开这个世界时，我们唯一可以期待的事就是好好地度过了

---

① 杨足仪. 死亡哲学十二讲 [M]. 南昌：江西人民出版社，2015：166.

这一辈子"。^① 如此说来，关于死亡问题的思考是否可以成为电子游戏对于玩家的终极启示？

余论

2023 年年初，由于续约等问题，《魔兽世界》退出了中国大陆的游戏市场，一同退出的还有暴雪的一众游戏。何时能回归，尚不可知。单就游戏而言，暴雪曾经向我们呈现出一系列优秀的游戏，并在我们的回忆中占据了一席之地。而从另一个角度来看，在暴雪游戏集体退出之后，再通过其游戏谈论与死亡的关系，或多或少也让人唏嘘。对于许多人来说，游戏是他们生活的一部分，但某一款、某几款游戏亦并非不可或缺。然而，一些游戏让我们获得的似乎远远超出了游戏本身的娱乐目的，玩家收获的已经从简单的"娱乐体验"上升到了深刻的"人生体悟"，这不仅是对娱乐的超越，更是对现实的超越。

第三节 "悟空"何以"神话"——试析《黑神话：悟空》中的审美体验

2020 年 8 月，由游戏科学公司开发制作的游戏《黑神话：悟空》放出了 13 分钟的实机演示视频，一经公布便引起了热议。游戏圈和社会层面对它的正面评价和高度期待很大程度

---

① [英] 佩妮·萨托利. 向死而生，活在当下：濒死体验死亡哲学课 [M]. 李杰，译. 北京：中国法制出版社，2018：207.

上源自游戏给玩家营造的独特的审美体验。本节从建筑、文本和美学三个方面出发，结合游戏内容与当下审美阐释的语境，对《黑神话：悟空》所蕴含的审美体验进行论述，并指出这种审美体验更广泛的价值。

从 2020 年至今，由游戏科学公司开发制作的角色扮演游戏《黑神话：悟空》的热度持续不减，关于游戏的讨论与研究已超出了游戏本身的范畴，延伸到了其他不同的领域。《黑神话：悟空》缘何吸引玩家，甚至产生了"出圈"的效果？本文认为，它所提供的审美体验是问题的关键。

一、建筑审美的现代展现

原著中的孙行者似对分辨建筑颇有心得，或得益于年长见闻广博，或归功于特异的千里眼，其中细微缘由不得而知。入"里灶祠"前，三藏以为是人家，意欲借宿，悟空却道："人家庄园，却没飞鱼稳兽之脊，这断是个庙宇庵院。"进"观音禅院"前看到楼台叠影，便询问悟空为何地，悟空答："不是殿宇，定是寺院"后果见"钟鼓楼高，浮屠塔峻"。此外，还有高老庄的"竹篱密密，茅屋重重"，五庄观的"宫殿森罗紫极高，楼台缥缈丹霞堕"……① 对于这些各具特色的建筑的描述，书中或假悟空之口，或直接描绘，形式不一而足。游戏《黑神话：悟空》让书中诸多对建筑的描述变得可视化，

---

① 吴承恩. 西游记 [M]. 北京：人民文学出版社，2023：188，191，192，221，296.

玩家可以看到许多年代不同、风格各异的建筑，很大一部分是对现实建筑的原版复刻，如安徽安庆的攀龙门、山西临汾的小西天等，均为玩家和分析人士称道。游戏中不同地域的古建筑令人印象深刻，以小西天为摹本的小雷音寺以及其中由黄眉大王假扮的弥勒佛形象更是将人们对游戏的热情推至顶点。尽管作为研究对象，这些古建有着很高的价值，但在文旅层面则尚未引起人们广泛关注，有些甚至无人问津。《黑神话：悟空》将建筑美学引入到了游戏中，通过对建筑审美进行现代形式的展现，赋予了这些古建更多的当代价值。

《黑神话：悟空》中，传统建筑古迹的现代展现集中体现在对于审美体验的满足上。建筑审美活动如同其他一切审美活动，是一个审美主体与审美对象往返交流的心理过程，是一种具体的、复杂的、动态的个体心理活动。这一过程经历了"审美态度的形成""审美感受的获得""审美体验的展开"和"审美超越的实现"。①

在审美态度的形成阶段，会出现"注意的中心化"的心理倾向，面对一座正在兴建或者正处于修缮状态的建筑，人们的意识是零散的，没有任何关注的中心，但当这个建筑在恰当的时间以恰切的方式出现的时候，人们就会对它或它们形成一种审美的心理态度，这个时候，主体就转变成了审美的主体，被欣赏的对象亦成为了审美的客体，双方的互动便

---

① 唐孝祥. 建筑美学十五讲 [M]. 北京：中国建筑工业出版社，2017：23.

在审美过程中形成并开展。在《黑神话：悟空》中，着实有不少建筑古迹吸引了玩家的注意，当然，这种关注因人而异，即因审美主体的不同而产生差别。比如，山西的玩家就格外关注游戏当中的山西古迹，如小西天、悬空寺等，来自四川的玩家则对醴峰观大殿情有独钟。总的来说，游戏当中呈现出的建筑古迹颇具规模，大致可以满足不同地域玩家在建筑上的审美需求，形成基本的审美体验。

在审美感受的获得阶段，一方面审美主体会根据建筑的形态、线条、风格等要素，形成对于审美对象的一种整体的印象，另一方面审美主体也会以自己的个体经验、对某事物的喜好等标准，对事物产生一种审美的意象。这就不得不提到在游戏当中，建筑的选择是十分考究的：一方面尽其所能还原建筑古迹，让古迹的每一处细节和每一个空间方位都做到准确无误；另一方面，由于古代建筑自有其独特的美感，开发团队充分发掘了其中的美学价值，并融入到玩家的游戏体验当中。更值得一提的是，如果将《黑神话：悟空》当中的建筑古迹单独拿出来进行欣赏，审美效果当然存在，但是有限的，而倘若加入到游戏之中，就会产生一种"审美的联动"，不仅从形似的基础层面让玩家产生对建筑的整体印象，还让玩家以审美的态度对古建加以欣赏，通过对意象的认知、体会和想象获得丰富多样的审美感受。此外，众多古迹的呈现不仅提升了视觉效果，优化了玩家在游戏当中的愉悦体验，更具有文旅宣发和文化推广的现实意义。

谈到文化的问题，就自然而然地延伸到"审美体验的展开"这一阶段。如果审美活动在前两个阶段就停滞下来，那么这种审美充其量是一种感性的愉悦体验，而无法进入更深层次，这也是一些电子游戏被人诟病的地方。《黑神话：悟空》中的古建自然会让玩家觉得"赏心悦目"，但真正吸引玩家的还是它们的文化意义。有学者从文化传播的角度将《黑神话：悟空》凸显出的"符号境""知识境"和"观念境"进行了分析，并指出这三种"境"都与文化密切相关。建筑是文化精神的象征，无论从上述哪个角度看，《黑神话：悟空》中的建筑都可以表现丰富的文化内涵。建筑本身所具有的符号意义、文化价值和观念作用，推动了游戏美学的建构。在山西文旅放出的宣传视频中，更是把游戏中出自山西的建筑古迹做了全面梳理，将古迹和科技结合起来，塑造出充满人文气息和文化内涵的"赛博景观"，给人以耳目一新的审美体验。

在审美体验过程的最高阶段，也是最后一个阶段应是"审美超越的实现"。对审美对象的观照，常会让主体产生一种"心驰神往"的体验，在建筑审美体验中同样如此。关于这种审美当中的超越维度，张法教授的解释切中肯綮："正是在审美的欣赏中，一方面艺术作品的深度呈现出来，另一方面主体的深度也呈现出来，人沉浸在审美的境界之中，作品之美在人的欣赏中闪耀着光芒。正是在作品的深度和主体的深度都呈现出来的时候，美对人的意义闪亮了出来。"①2023 年 8 月，在德国科隆最新放出的游戏视频中，最后一段影像虽仅有短短几秒却令人印象深刻。画面中，天命人走入一座庙宇，盘腿而坐，正对面的一尊古佛凝视着天命人。这尊古佛的原型是陕西蓝田水陆庵的阿弥陀佛造像。古佛面容慈祥，仪态大方，在那一刻玩家仿佛也受到了寺内古佛的感染，获得了一种难以言表的心灵的宁静。除此之外，天命人面对古佛，坐而不拜，亦似乎有询问和审视的态度，质询世界，同时观审内心。千百年来凝聚而成的禅意在那一刻与我们的精神发生了交汇，那时得到的美感体验应该只有深谙东方文化内核的人才能够领会到。审美主体的精神在那一刻获得了极大的自由，进入到了一种"超越人生有限性以获得人生终极意义和生命精神的审美活动阶段"。②

二、传统文本的现代表述

同样是 2023 年的 8 月，《黑神话：悟空》官方于杭州组织了线下千人试玩会，又一次点燃了全网玩家的热情。在此之后，对游戏中的形象与原著的对比越来越多，从不同角度分析这款游戏的特点。

首先是把小说原著《西游记》的情节和内容与《黑神话：

---

① 张法．为什么美的本质是一个伪命题——从分析哲学的观点看美学基本问题 [J]．东吴学术，2012（04）：35-45.

② 唐孝祥．建筑美学十五讲 [M]．北京：中国建筑工业出版社，2017：33.

悟空》中的进行了对比，关注点主要在于"形"上面。比如，将游戏中的人物设定同原著中的人物设定进行比较对照。原著形容黄风洞的虎先锋"血津津的赤剥身躯，红媬媬的弯环腿足。火焰焰的两鬓蓬松，硬搠搠的双眉直竖。白森森的四个钢牙，光耀耀的一双金眼。气昂昂的努力大哮，雄赳赳的厉声高喊"。游戏对这一形象做了比较忠实的还原，游戏中的对话符合虎先锋的身份，血池则展示出虎先锋的嗜血成性，游戏中刻画出的"双眉直竖""努力大哮"等，都是对虎先锋自身形象的写照。除此之外，还可以看到对赤尻马猴以及熊罴怪等原著中曾经出现过的形象的还原。

　　游戏不仅尝试通过还原塑造人物，还通过想象超越人物。从目前放出的试玩资料片和试玩视频中可以发现，游戏不仅尝试还原原著内容，还对这些内容进行了合理延伸。比如，变化这一设定。原著中的变化是孙悟空向菩提祖师学习的。祖师说："有一般天罡数，该三十六般变化；有一般地煞数，该七十二般变化。"悟空"一窍通时百窍通"，习得了七十二般变化。这个设定在游戏中也有体现，一些基本的变化形态也许在人物出场时就有，如金蝉。不过有一些强大的变化则是通过解决掉不同关目的BOSS而学会的，一边过关一边成长，这点应是游戏的创新。除此之外这些变化并不是弱功能的，而是非常有针对性的。比如，刀郎教头的兵器就对有皮毛的野兽有奇效，毒囊也是如此。这种设定需要对原著中不同的妖怪特点有深入的理解。

从"形似"角度对原著与游戏进行分析比对，是有必要的，也是基础的，正如有分析86版《西游记》和原著当中存在的异同那样，可以从文本解析的角度上以及媒介差异的角度去分析，可这种工作的意义又是十分浅表的。《黑神话：悟空》之所以吸引玩家，或者说有可能在未来取得成功，并非仅仅在于游戏对原著的某个关目进行的还原，或者说对环境的逼真再现，而是有着更深层次的原因。从可能的剧情叙事向角度来看，《黑神话：悟空》中可能蕴含的"西行路上放过的妖怪卷土重来为祸世间"的设定颇有些"后传"的意味，但其中展现出"重走取经路"的设定又呈现出同中有异，异中有同的表达。笔者认为，异的表现在剧情改编，同的呈现在精神实质。刘勇强在人民文学出版社出版的《西游记》前言中，对孙悟空的精神进行了精当的概括：

　　他以叱咤风云的战斗姿态、荡魔除邪、匡危扶倾，表现出极大的救世热忱。同时，他又顽强执着、不屈不挠。实际上，挫折和失败对孙悟空来说是常有的事，多少次濒临绝境、九死一生，多少次被妖魔缴去金箍棒，赤手空拳，孤立无援，但是他从不气馁，往往吸取教训，计上心来，重又抖擞精神，强行索战，终于绝处逢生，赢得胜利，显示出昂扬、坚定的斗志。

爱德华·霍尔曾经提到：文化的无意识是积极隐藏着的。[①]
这个论断很有意思。"隐藏"通常是被动地的、消极的，有时
甚至是被逼无奈的，但文化的无意识的隐藏却是积极的，主
动的。它一般来说存在于人们的生活现象——它隐藏期间，
人们对它习焉不察，可一旦遇到合适的语境，它就会率先展
现出强大的力量——这是它积极的一面。我们的民族文化和
精神中同样蕴含着这样的"无意识"。《西游记》就这样通过
幻想的形式，描绘了一个具有悠久历史的民族，在历险克难
的漫长而曲折的过程中显示出的精神风貌。"[②] 对于当下而言，
《西游记》体现出的这种百折不回、力挽狂澜的精神，这种不
断开拓人生、面对困难的心境，不恰恰是我们这个时代最为
需要的宝贵品质吗？

　林语堂对猴子的形象做了有趣的解读，提到这个形象，
他自然而然地从古典名著《西游记》入手来进行论述。他将
师徒四人西天取经的过程和人类演进的过程做了类比，将孙
悟空充满缺点的性格和不断克服的过程联系了起来，提出"必
须爱人类"的看法。[③] 如他所说，如果按照自然要求来说，人
已经完全适应了自然，可人除了适应自然环境以外，还需要
有更高的追求——道德的追求，文化的追求等。尽管他这里

---

① [美]霍尔.超越文化[M].居延安，译.上海：上海文化出版社，
1988：148.

② 吴承恩.西游记[M].北京：人民文学出版社，2010：10.

③ 林语堂.生活的艺术[M].长沙：湖南文艺出版社，2016：39.

的解读有些许的戏谑，但却或多或少触及到《西游记》及其体现出的精神品质。

我们知道，每一个时代生活着的人们都有其独享的媒介记忆和文化记忆。数百年来《西游记》以话本、口传等形式传播，这其中市民文学的兴起和印刷术的普及功不可没，本身蕴含的丰富文化内涵和美学特质让《西游记》这部作品长期以来常谈常新。时过境迁，进入新媒体时代，电视的出现在丰富了人们视觉需求的同时也改变了人们接收知识的方式，《西游记》给那一代人留下的印象是86版电视剧；当电影作为艺术形式普及开来，《大话西游》《大圣归来》等对原著进行较大改编的影片层出不穷；而进入电子计算机和网络时代，属于这一代人独有的媒介记忆与文化记忆就是和《西游记》有关的数字游戏。《大话西游》《梦幻西游》《斗战神》等一众数字游戏的出现刷新了人们对原著的认识，甚至让接触这些游戏的玩家觉得"这就是真正意义上的《西游记》"。而对于"何为真正的《西游记》的追问似乎从未停止过。首先，《西游记》本身的成篇经历了一个漫长的过程，从《大唐西域记》到《大唐三藏取经诗话》，从《西游记杂剧》到《西游记平话》，再到明代百回本的《西游记》最后成书，其中的情节架构是不是"本来面目"，一些人认为，从文学作品的角度讲，这样的争执没有太大必要，但也有人认为仍需要认清作为文本的《西游记》的历史性。其次，《西游记》本身就存在大量的构想成分和浪漫主义要素，虚构成分多，在这种情况下如果生硬地抠取其中的一些细节去看是否合理，是否有实质的意义，这点仍有待商榷。《西游记》中的虚构性和丰富性决定了它成为当下本就具有多元化性质的网络世界争相改编的对象。但是，这并不是要对西游记进行彻底虚无化的解读和后现代的解构，属于《西游记》的基本精神从古至今都延续着，如果刻意地用这部古代文学经典去迎合当下的娱乐、消费文化，对其加以上述方面的改编，那么真正属于西游记的精神就会逐渐消退甚至被解构掉，而所谓的"西游精神"也就成了作为娱乐方式的网络游戏的简单注脚或者可有可无的背景。《西游记》的精神内核是什么，比较普遍接受的解释，如《敢问路在何方》中所说，是"斗罢艰险又出发"，是"敢问路在何方，路在脚下"。这是脚踏实地的精神，开拓进取的精神，同时更是一种超越的精神。

这些精神在古今中外许多作品里都有体现，并不一定非要从外国的文艺作品，或者进一步来说，从外国的游戏中汲取。过去人们讨论过《大航海时代》的冒险精神，分析过《盟军敢死队》中的战斗精神，它们并非不受用于时代。但我们也有根植于自己文化土壤的优秀文艺作品，我们所需要的时代品格也并非只能从国外的游戏作品中旁借。在西方文化大量输入之后，在与西方文化的接触过程中，我们在许多领域都只能被动接受，甚至还出现"唯西方论"的情况，因此迫切需要找到一条具有我国特色的文化传播和文化自信的道路。对于本国优秀传统文化，我们长期处于一种"有理说不出、说了传不开"的被动局面：被动地接受，被动地传播，长此以往便患上了"失语症"。这种状况也渗透到了文化领域的方方面面。有评论称，《黑神话：悟空》有望在中华文化对外传播过程中另辟蹊径，提供一条"反客为主"的文化传播进路，这归根结底还是源于这款游戏对文本的深入挖掘以及对传统文化精神的深刻领悟。《黑神话：悟空》通过多样的方式展现出了这种精神。同前文所说，在对原著中的形象进行加工的同时，游戏对原作精神的解读是沉浸式的，是让玩家通过真正融入到游戏当中的方式来体会文化的意蕴，游戏中，玩家和天命人一同成长，会遇到难以击败的敌人，面对无法通过的关卡，这个时候我们不妨回到对孙悟空这一形象的基本认知上来进行思考。当一个个活灵活现的形象展现在眼前，当一段段剧情不断击中长久以来融入我们血液当中的文化记忆时，玩家的内心便自然而然地涌动起一股如"齐天大圣"般的豪迈之气。他意志坚定，会想出各种各样的办法，会施展千般万般的本领去超越自己的极限，他会短暂地失败，会一时地迷茫，但绝不会轻易地放弃，只为了取得心中的"真经"。这是一种只可意会不可言传的精神体验，如果有一个词，也许是"崇高"。

三、古典美学的现代诠释

李泽厚曾经说，中国的哲学和文化"更欣赏和满足于模糊笼统的全局性的整体思维和直观把握中，去追求和获得某种非逻辑、非纯思辨、非形势分析所能得到的真理和领悟"。①
这种特征也存在于传统美学思想当中。一般来说，西方哲学
是一定要尽可能地把问题说清楚、分析清楚的，尤其是对于
某些命题，是一定要进行层层剖析和细致解读的，这种情况
不仅仅存在于"知"的领域，也存在于"情"与"意"当中。
特别是在对美学问题的探讨中，西方理论家力求能把这种原
本就十分主观的命题讲明白，尽管具体的观点和分析方法不
一样，其目标是基本一致的。但中国传统美学则不然，它并
不遵循一般的逻辑原则，也不追求要把某个问题搞得条分缕
析，而是注重从整体上对美进行一种直观的把握。对于美能
否被形容，被体悟，这点应该是肯定的，但对于美能否被直
接地言说，则持怀疑态度。所以才会有"羚羊挂角"，才会有
"以少总多"，才会有"淖约冰雪"。游戏《黑神话：悟空》可
以说深谙中国传统美学的精髓，这应当归功于游戏对于意境
的营造。所谓意境主要表现在"主观的生命情调与客观的自
然景象交融互渗，成就一个鸢飞鱼跃，活泼玲珑，渊然而深
的灵境"，是"'情'与'景'的结晶品"。②关于意境的描述
很多，宗白华先生的描述既结合了概念的分析，又融入了形
象的例证，指出意境形成的关键就在于"主观的生命"与"客
观的自然"的结合。

---

① 李泽厚. 中国古代思想史论 [M]. 北京：生活·读书·新知三联书店，2008：323.

② 宗白华. 美学与意境 [M]. 北京：人民出版社，2009：191.

　　从中国传统美学的角度来说，艺术之为艺术，就是因为其中蕴含着一种意境，而意境又代表着主观与客观的结合。那么能否恰切地将主客观结合在一起，使玩家甚至是外面的观赏者产生一种审美体验，就可以部分地成为衡量作为艺术的游戏成功与否的一个标准。艺术以及其中蕴含的意境能够让观者产生一种美感体验，这种美感体验是相对而言广义的，具体的表现除了悦目，还有典雅、韵味等。这些美学的要素在《黑神话：悟空》中都是有迹可循的。游戏不仅仅有着细腻的画风和对真实环境的高度还原，还有着可以随剧情要求而进行的艺术设计，即"应景"——不仅应现实之景，更要契合玩家的心中之"感"。另外，在和游戏相关的视频，包括试玩体验视频中，游戏主角——天命人除了进行操作时发出的附加声音，如挥动棒子时和受到伤害时发出的声响，并没有出现其他声音，如主动用语言同某个游戏中的人物进行沟通交流以及有实际意义的表达。换句话说，天命人的身份是由周遭环境建构起来的。在对于游戏角色身份的建构中，美感的建构十分必要，具体方式就是通过多样的艺术形式来不断营造新的意境，让玩家的情感和游戏中的景产生审美上的契合。这种契合表现在两个递进的层次中：

　　首先是环境的营造，在迄今为止放出的《黑神话：悟空》相关画面中，展现了不同的环境，时而是风景如画的森林，"两崖花木争奇，几处松篁斗翠"；时而是广袤无垠的雪地；时而是高耸入云的群山，"千峰列戟，万仞开屏"；时而是孤

绝陡峭的山涧"湾环深涧下，孤峻陡崖边"……宗白华先生
用诗歌绘画来说明艺术意境的创造，指出意境的营造需要"让
客观景物作我主观情思的象征"。①《黑神话：悟空》正是把
万般变化的自然景色做了细腻的刻画，增加了玩家的代入感，
这种体验，是"淡云欲雪满天浮，朔风骤，牵衣袖，向晚寒
威人怎受？"是"孤鸟去时苍渚阔，落霞明处远山低"，是
"涓涓寒脉穿云过，湛湛清波映日红。声摇夜雨闻幽谷，彩发
朝霞眩太空。"②这些都是原著中对于景色的形容。对这些美景
奇观进行加工，可以更好地让玩家融入到游戏的环境当中。

其次，这些景色更营造出了一种审美的意象，这意象和
玩家胸中之意恰切融合，形成一种独特的审美体验。如果说，
对传统山水画境的体会可以让观者由画外走进画内，再走入
作者的内心，进而"澄怀观道"，那么对于电子游戏来说，审
美体验则在此基础上更近了一步，展现出具有美学的现代阐
释性的一面。玩家更容易在虚实之间融入到游戏的环境中去，
在"象则非无，罔则非有"中获取属于自己的觉解和体悟。
传统美学看来，虚与实并不是非此即彼的，而是存在一种互
补的关联性，"虚"并非一无所有，其中蕴含着无限的联想，
"实"也并非亦步亦趋、如自然主义那般的形似，而是去粗取
精之后的现实。那么，这种虚实的关系是否可以帮助我们理

---

① 宗白华. 美学与意境 [M]. 北京：人民出版社，2009：192.

② 吴承恩. 西游记 [M]. 北京：人民文学出版社，2023：25，9，396，
173，188，180.

解电子游戏层面的虚实关系呢？我们之所以被游戏中的画面所吸引，是因为这些画面是在现实画面基础上"美化"的结果，这种画面既"实"又"虚"，但本质上它是由技术生成的虚拟数据，这种数字化的"虚空"和传统美学上"虚"中所包含的"空灵"自不可同日而语，但它们都有一个共性，就是其中包含了无限的可能，保留了充分的可以引人遐想的空间：观看传统的诗画，欣赏者的神思可以畅游期间，"神与物游"；在体验游戏的过程中，人们在用"神"畅想的同时还在用"身"探索，身体在这里并非是被动的，而是如梅洛-庞蒂所说的"身体-主体"，具有创造的潜能，亦如戴维·西蒙所说，"身体储藏了自己特殊的有意感知"，正在进行一场"身体芭蕾"，这点和有学者提出的"游戏艺术"的身心实践有很强的契合度。①

余论

最后，本书希望从文化角度对游戏分析做一发散。近年来我们对于"电子游戏承载文化传播责任"的话题越来越关注，这不仅是出于我们普通玩家对于一款能够影响世界的"中国制造"的游戏的期待，更是源于增强我国文化软实力的迫切性。但我们也要知道，在这方面的期待应该是具体的、系统的、有的放矢的。作为时刻都在做游戏批评的玩家和大众

---

① 孙静，邓剑. 中国游戏研究：游戏的历史 [M]. 上海：华东师范大学出版社，2023：49.

应该对游戏有着高于此前的要求和认识，特别是对于文化方面，不能一股脑地将电子游戏在宣传中国优秀传统文化方面的努力"口号化""标语化"，做得好一些就"抬到天上"，做得不好的就"一棍子打死"，这无异于只提出问题而不去分析问题的发生原因并想办法解决问题。

在解决问题的过程中，最典型的应该是对于"分层"的关注。诚然，在传播传统文化方面有很多问题是错综复杂的，一般的情况是，解决了传播过程中的一个问题，但其他问题仍然存在，这样我们的文化仍然无法很好地进行传播。但发现哪方面的问题就着重去解决，也总好过泛泛地提出问题而对具体问题避而不谈。

在学理层面，有学者选取了百余款中国网络游戏作为样本，通过分析，非常准确地指出了在传播文化过程中存在的问题，并提出了相应的解决思路——分层提取传统文化要素并分层植入到游戏当中。作者的观点是十分有针对性的："对中华优秀传统文化可从精神文化、制度与文艺成果、物质与日常生活文化三个层面提取要素，再将优秀传统文化的精神要素植入网络游戏的背景与世界观，将制度文化与文艺成果元素植入网络游戏的游戏机制、规则、情节、任务之中，将物质与日常生活文化植入网络游戏场景、器物与人物形象。"[①]以作者的话说，这种操作是"系统而具体的"。这无疑为我国

---

① 孙静，邓剑.中国游戏研究：游戏的历史[M].上海：华东师范大学出版社，2023：186.

电子游戏在传承优秀传统文化以及将传统文化进行现代阐释方面提出了新的思路。《黑神话：悟空》无论是在精神文化、制度与文艺成果，还是物质与日常生活文化三个层面都兼顾到了。精神文化层面，如前文所讲，游戏反映出传统文化的精神特质，体现出自强不息、开拓进取的精神；制度与文艺成果方面，游戏在情节的塑造、游戏机制方面都具有传统文化的特色，在建筑、音乐方面下了很大功夫；游戏场景、道具等方面也体现出根植于中国传统的生活文化。只有上述层面逐步完善，并将完善后的的内容有机结合起来，才能从局部到整体，从理论到实践来解决游戏制作与传播过程中出现的问题。

虽然截至目前，《黑神话：悟空》放出的视频数量和试玩关卡十分有限，很多问题并不能做过度的推测和主观的臆断，但必须承认的是，这部有望成为近年来国产游戏扛鼎之作的作品被寄予了太多的期待，可以说给沉寂许久的国产单机游戏注入了一针强心剂，特别是 2023 年 12 月 8 日放出的最新CG，不仅呈现出更加完善和精致的画面，还包含着对于"天命"意义的深层解读，更增加了玩家对于这款游戏的期待。有评论从产业的角度分析，指出《黑神话：悟空》标志着国产单机正在迈向正规工业化的进程。除了前面提到的内容外，在众多对该款游戏的研究中，从音乐美学角度对游戏中配乐的分析、从译介角度对部分重点桥段英译的解读、从跨文化角度对游戏中文化要素的阐发，以及从书画艺术的角度对游戏中的字画进行探寻等，都是值得研究的内容。时间回到2023年8月，游戏科学携《黑神话：悟空》出现在德国科隆举办的游戏展上。关于这款游戏的试玩体验，许多国外玩家同样给予了很高的评价，这个似乎并不意外。值得关注的是，一些玩家在采访中提到，他们通过这款游戏知道了孙悟空的故事，进而对中国文化产生了兴趣。从文化传播和跨文化交际的层面来看，《黑神话：悟空》已经发挥出它作为艺术品所承载的审美价值和文化价值。审美的共鸣当中蕴含着"美美与共"的价值，这种价值让游戏超越了单纯的娱乐手段，而上升为一种艺术表达。这也就是为什么在游戏的娱乐价值之外，还可以看到很多"出圈"的分析。

3A游戏指的是一些高成本、高体量、高质量的游戏，通常指大型单机角色扮演类或第一人称射击类游戏。对于电子游戏，特别是大型单机角色扮演类游戏来说，"3A"无疑是最高的评价标准，虽然这是一个非正式的评级用词，但形成这一个评价需要满足太多要素，人们可以说这款游戏成本高、体量足，但这两个要素只能说是基础性的，仅依靠它们，还不足以让一款游戏成为"大作"，真正决定大作的是"高质量"这个标准。玩家让这一标准充满了相关性。它不是游戏开发商的一厢情愿，更不是游戏宣发的自说自话，而是真正给予玩家满意的游戏体验。玩家在游戏中不断探索的过程，不仅是在感官上获得愉悦的过程；"好游戏"标准的形成过程；玩家对美的追寻过程；对文化内涵探求的过程，更对人生与世界意义追问的过程。预计将于 2024 年 8 月发售的《黑神话：悟空》能否成为值得"深度游玩"的游戏？我们拭目以待。

参考文献

一、中文专著、论文

1. 蔡仲. 后现代相对主义与反科学思潮［M］. 南京：南京大学出版社，2004 年。

2. 曹顺庆. 中西比较诗学［M］. 北京：中国人民大学出版社，2010.

3. 陈岸瑛. 艺术概论［M］. 北京：高等教育出版社，2017.

4. 陈明. 审美意识价值论［M］. 合肥：安徽大学出版社，2006.

5. 杜书瀛. 价值美学［M］. 北京：中国社会科学出版社，2008.

6. 高尔泰. 论美［M］. 兰州：甘肃人民出版社，1982.

7. 何卫平. 解释学之维：问题与研究［M］. 北京：人民出版社，2009.

8. 胡经之. 文艺美学［M］. 北京：北京大学出版社，1989.

9. 黄凯锋. 审美价值论［M］. 昆明：云南人民出版社，2005.

10. 蒋孔阳 . 美学新论 [M] . 北京：人民文学出版社，2006 .

11. 劳承万 . 审美中介论 [M] . 上海：上海文艺出版社，1986 .

12. 李建盛 . 艺术学关键词 [M] . 北京：北京师范大学出版社，2007.

13. 李楠明 . 价值主体性 [M] . 北京：社会科学文献出版社，2005.

14. 李咏吟 . 审美与道德的本源 [M] . 上海：上海人民出版社，2006.

15. 李咏吟 . 价值论美学 [M] . 杭州：浙江大学出版社，2008.

16. 李泽厚 . 美学三书 [M] . 合肥：安徽文艺出版社，1999.

17. 刘悦笛 . 生活美学：现代性批判与重构审美精神 [M] . 合肥：安徽教育出版社，2005.

18. 聂文军 . 西方伦理相对主义探析 [M] . 北京：中国社会科学出版社，2011.

19. 潘德荣 . 诠释学导论 [M] . 桂林：广西师范大学出版社，2015.

20. 彭锋 . 西方美学与艺术 [M] . 北京：北京大学出版社，2005.

21. 舒也 . 中西文化与审美价值诠释 [M] . 上海：三联书店出版社，2008.

22. 孙静，邓剑．中国游戏研究——游戏的历史［M］．上海：华东师范大学出版社，2023．

23. 滕守尧．艺术社会学描述［M］．南京：南京出版社，2006．

24. 童庆炳．美学与当代文化讲演录［M］．桂林：广西师范大学出版社，2007．

25. 汪民安．身体、空间与后现代性［M］．南京：江苏人民出版社，2015．

26. 王德胜．美学原理［M］．北京：人民教育出版社，2001．

27. 王旭晓．美学通论［M］．北京：首都师范大学出版社，2000．

28. 王岳川．现象学与解释学文论［M］．济南：山东教育出版社，1999．

29. 徐岱．审美正义论：伦理美学基本问题研究［M］．杭州：浙江工商大学出版社，2014．

30. 阎嘉．在真实与幻象之间：美学与艺术论集［M］．北京：科学出版社，2020．

31. 杨曾宪．审美价值系统［M］．北京：人民文学出版社，1998．

32. 叶朗．美学原理［M］．北京：北京大学出版社，2014．

33. 叶秀山．美的哲学［M］．北京：人民出版社，1991．

34. 张法．中西美学与文化精神．北京：中国人民大学出版社，2010.

35. 周宪. 审美现代性批判［M］. 北京：商务印书馆，2005.

36. 周志强. 寓言论批评：当代中国文学与文化研究论纲［M］. 北京：北京大学出版社，2020.

37. 朱狄. 当代西方美学［M］. 北京：人民出版社，1984.

38. 朱光潜. 谈美［M］. 桂林：广西师范大学出版社，2004.

39. 朱光潜. 文艺心理学［M］. 合肥：安徽教育出版社，1996.

40. 朱光潜. 西方美学史［M］. 北京：人民文学出版社，1979.

41. 朱贻渊. 价值论美学论稿［M］. 北京：首都师范大学出版社，2005.

42. 庄汉新. 美学纲要［M］. 北京：学苑出版社，2004.

43. 宗白华. 艺境［M］. 北京：北京大学出版社，1987.

44. 高建平. "美学"的起源［J］. 社会科学战线，2008（10）.

45. 胡经之，王岳川. 中西审美体验论［J］. 文艺研究，1986（2）.

46. 姜宇辉. 从梦机器到暗主体：电影与电子游戏之间的否定性之思［J］. 文化艺术研究，2023（4）.

47. 姜宇辉. 情感游戏、情感设计与情感操控——科学、审美与修辞之间的电子游戏［J］. 文艺研究，2023（10）.

48. 蓝江. 物体间性的形而上学——数字空间中的新唯物

主义的反思［J］.《人文杂志 2022（10）.

49.李泽厚.美学的对象与范围［J］.美学，1981（3）.

50.李志宏.陌生而有效的科学化美学研究［J］.美与时代，2012（4）.

51.吴冠军.在发光世界中"眼见为实"——虚拟现实技术与影像本体论［J］.电影艺术，2023（3）.

52.阎嘉.低调的华美与阴翳的风雅［J］.文学评论，2020（2）.

53.姚文放.作为历史性概念的审美文化［J］.求是学刊，2009（2）.

54.张晶.审美经验的历史性变异［J］.武陵学刊，2011（1）.

二、外文译著、译文

1.[古希腊]柏拉图.文艺对话集［M］.朱光潜，译.北京：人民文学出版社，1997.

2.[古希腊]亚里士多德.诗学［M］.罗念生，译.北京：人民文学出版社，1982.

3.[英]鲍桑葵.美学史［M］.李步楼，译.北京：商务印书馆，2016.

4.[英]李斯托威尔.近代美学史评述［M］.蒋孔阳，译.上海：上海译文出版社，1982.

5.[英]哈灵顿.艺术与社会理论：美学中的社会学论争

[M].周计武，周雪娉，译.南京：南京大学出版社，2010.

6.[英]保罗·约翰逊.艺术的历史[M].黄中宪，译.上海：人民出版社，2008.

7.[英]怀特海，观念的冒险.周邦宪，译.北京：北京联合出版公司，2014.

8.[英]勃兰特·罗素，幸福之路[M].刘勃，译.北京：华夏出版社，2018.

9.[英]特里·伊格尔顿.审美意识形态[M].王杰，傅德根，等，译，北京：中央编译出版社，2014.

10.[英]H.A.梅内尔，审美价值的本性[M].刘敏，译.北京：商务印书馆，2001.

11.[英]贡布里希.艺术与错觉[M].杨成凯，李本正，等，译.南宁：广西美术出版社，2012.

12.[法]萨特.什么是主体性？[M].吴子枫，译.上海：人民出版社，2017.

13.[法]福柯.主体解释学[M].佘碧平，译.上海：人民出版社，2018.

14.[法]保罗·维利里奥.消失的美学[M].杨凯麟，译.郑州：河南大学出版社，2018.

15.[法]波德里亚.艺术的共谋[M].张新木，杨全强等，译.南京：南京大学出版社，2015.

16.[法]布瓦洛.诗的艺术[M].任典，译.北京：人民文学出版社，1959.

17.[法]阿甘本.我，眼睛，声音[M].王立秋，严和来，译.桂林：漓江出版社，2017.

18.[法]阿甘本.宁芙[M].蓝江，译.重庆：重庆大学出版社，2016.

19.[法]德勒兹.差异与重复[M].安靖，张子岳译，上海：华东师范大学出版社，2019.

20.[法]乔治·迪迪－于贝尔曼.在图像面前[M].陈元，译.长沙：湖南美术出版社，2015.

21.[法]雅克·埃诺.电子游戏[M].马彦华，译.成都：四川文艺出版社，2005.

22.[德]鲍姆嘉通.美学[M].简明，王旭晓，译.北京：文化艺术出版社，1980.

23.[德]席勒.审美教育书简[M].张玉能，译.，北京：北京大学出版社，1985.

24.[德]莱辛.拉奥孔[M].朱光潜，译.北京：人民文学出版社，1984.

25.[德]海德格尔.存在与时间[M].陈嘉映，王庆节，译.北京：商务印书馆，2016.

26.[德]汉斯·罗伯特·耀斯.审美经验与文学解释学[M].张乐天，译.上海：译文出版社，2006.

27.[德]阿多诺.学理论[M].王柯平，译.成都：四川人民出版社，1998.

28.[德]德索.美学与艺术理论[M].兰金仁，译.北京：中国社会科学出版社，1987.

29.[德] 沃尔夫冈·韦尔施. 美学与对世界的当代思考 [M].熊腾等，译. 北京：商务印书馆，2018.

30.[德] 韩炳哲. 爱欲之死 [M]. 宋娀，译. 北京：中信出版社，2019.

31.[美] 安妮·达勒瓦. 艺术史方法与理论 [M]. 徐佳，译. 北京：人民美术出版社，2017.

32.[美] 戴维·哈维. 后现代的状况：对文化变迁之缘起的探究 [M]. 阎嘉，译. 北京：商务印书馆，2013.

33.[美] 伯纳德·舒兹. 蚱蜢:游戏、生命与乌托邦 [M].胡天玫，周育萍，译. 重庆：重庆出版社，2022.

34.[波] 瓦迪斯瓦夫·塔塔尔凯维奇. 西方六大美学观念史 [M]. 刘文潭，译. 上海：上海译文出版社，2013.

35.[斯洛文尼亚] 斯拉沃热·齐泽克. 事件 [M]. 王帅，译. 上海：上海文艺出版社，2017.

36.[奥地利] 埃默里. 独自迈向生命的尽头 [M]. 徐迟，译. 厦门：鹭江出版社，2018.

三、外文专著、论文

1. B.Chipp, Herschel. *Theories of Modern Art: A Source Book by Artists and Critics*, Berkeley: University of Califorian Press, 1984.

2. Burridge,Kenelm. *Someone, No One: An Essay on*

Individuality, Princeton University Press, 2015.

3. Dissanayake, Ellen. *Homo Aestheticus : Where Art Comes From and Why*, University of Washington Press, 1995.

4. J.M.Berstein, *The Fate of Art-Aesthetic Alienation from Kant to Darrida and Adorno*, The Pennsylvania State University Press, 1992.

5. Lazzarato, Maurizio. *Signs and Machines*, translated by Joshua David Jordan, Semiotext(e), 2014.

6. Sibley, Frank. *Approach to Aesthetics*, Oxford University Press, 2006.

7. Tatarkiewicz, Wtadystaw. *Analysis of Happiness,* Warsaw:Polish Scientific Publishers and The Hague: Martinus Nijhoff, 1976.

8. Tatarkiewicz, Wtadystaw. *History of Aesthetics* (volume3, Modern Aesthetics), Translated By Chester A.Kisiel And John F. Besemeres, Thoemmes Press, 2015.

9. Weitz, Morris & Graham, Gordon. *Philosophy of the Arts: An Introduction to Aesthetics*, London and New York: Routledge Press, 2005.

后　记

完成书稿之后，我的心情很轻松，却又没有想象中轻松。轻松是因为终于写完了，可以玩游戏去了，没那么轻松是因为书中谈到的一些理论问题和现实问题并没有如一开始预想的那样得到完整的阐释和满意的解答，在未来需要做的研究还有很多。

我们不妨回到舒兹对于玩游戏的界说：玩游戏就是自愿地克服不必要的障碍。这一部关于游戏的著作成书于20世纪70年代末，当时所谓游戏的发展和现在不可同日而语，但作者对于游戏定义的形成和分析着实令人印象深刻，特别是对于电子游戏取得快速发展的当下，这部写就于过去的游戏之书却越来越多地具有了现实意义甚至未来指向。对于玩游戏这一定义的具体分析这里不去赘述，思考则来源于完成本书之后突然冒出来的思考：做游戏研究的我们是否也在做着一场游戏？

一、贯穿生活的游戏态度

笔者曾在本书中提到生活与游戏互相影响的情况。一方面，生活的态度在一定程度上决定着游戏玩家在体验游戏时的态度；另一方面，游戏态度也在越来越多地影响着我们对待生活的态度甚至方式。

游戏态度是什么？具体定义似乎很难做出，舒兹详细分析了游戏态度，即"如此接受才让这样的活动有所可能"，[①]在他看来，不管是业余玩家还是职业玩家，只要在玩游戏，都需要有这样的游戏态度。当然对于游戏态度的理解要将其放置在游戏定义的全体当中来。我以为，对于玩家来说，游戏态度的表现首先应该是热爱。回想一下那些给我们留下深刻印象的游戏，我们对它们的情感大多经历了从陌生、喜欢再到热爱的过程，正是这种情感让我们在游戏当中乐此不疲地忘我探索。但仅有热爱似乎还不足以概括游戏的态度，进一步来说，游戏态度应当是既轻松又严肃的。几乎没有人抱着"苦大仇深"的态度去打游戏，人们玩游戏的初衷是希望放松心情，娱乐身心，但在玩游戏的过程中我们的态度是认真严肃的，我们希望通关，希望变强，这其间要经历的过程可一点不轻松。尽管生活不是游戏，但游戏的态度却能够给生活乃至生命以启示："以放松的心态去认真地完成一件事情"，两者之间似乎并不矛盾。其次，游戏态度应该是一种形塑和

---

① ［美］伯纳德·舒兹. 蚱蜢：游戏、生命与乌托邦［M］. 胡天玫，周育萍，译. 重庆：重庆出版社，2022：159.

建构。首先是认识层面的，进而是存在层面的。对于前者而言，通过游戏能够对一些具体的问题形成认识，在知识方面有所扩充，如益智类、科普类游戏，但游戏更能够让人们对于一些可以影响生命体验的"大问题"产生新的认识，以本书中涉及的一些主题来说，《幸福辩证法》一节中谈到了幸福在形而上以及现实的双重维度；《电子游戏与真爱体验》一节则以电子游戏为例，从不同角度分析了爱的持续、适度和平衡的特征，等等。尽管这些论述是笔者个人的看法，但希望强调的是，人的认识终究是多元的、开放的，通过游戏获得的认识能够以完全不同的方式拓展人们的固有认知，而对于影响我们生活的重要问题的新认识影响着存在的向度。这让游戏态度超越了"劳逸结合"的基本认识，成为一种可以改变存在方式的观念。

　　游戏态度进而影响着我们做游戏研究的态度。作为游戏研究者，我们正是本着这样的"游戏态度"来进行研究的。在序言中笔者提到，尽管很早就接触到了电子游戏，但在很久之后才出现要对电子游戏做研究的念头，研究的主题则源于对游戏本身的喜爱以及对游戏当中一些问题的好奇，这像极了 NPC 头上那个充满诱惑力的"感叹号"。随着研究的深入，我们越来越发现通过对游戏进行理论的阐述，形成的结果不仅仅是一个结论，毋宁说是一种发现，一种能够让我们更加理解游戏机制、架构以及其中所包含的情感的契机。我们将这个发现放到游戏当中去加以验证甚至证伪，所获得的新体验又在不断更新着理论的认知，它让我们不能不以一种严肃的态度去对待这项研究。说到这里，就不得不谈谈游戏理论和游戏实践的关系。

二、不可分割的游戏理论与实践

理论和实践的关系历来是十分复杂的，在文学和艺术层面尤其如此。一般认为，美学、艺术理论同艺术实践的关系是辩证的，理论来源于实践又指导着实践，实践形成、影响着理论，推动着理论的发展。进一步说，艺术理论是研究者对于艺术实践的经验总结以及抽象描述，在艺术实践中起引导或主导性作用；艺术实践作为艺术现象，是艺术理论的研究对象，会被艺术理论影响，反过来也会为艺术理论提供灵感与研究思路，或验证艺术理论正确与否。[1]

然而，理论与实践之间的辩证关系绝不囿于此。一方面，二者的影响关系并不是完全重合的，理论和实践之间的关系并不是一一对应的，在广大的交集之外有着分属理论和实践特征的那部分；另一方面，二者的历史发展方式不同：理论的深化似乎有迹可循，它是通过对具体的个例进行总结之后的普遍讨论，其表现一般是渐进的，不断深入的。但艺术实践往往都是要冲破旧有的理论和规则，这种情况在艺术问题上面体现得尤为明显。对于艺术而言，很多情况是，先锋样

---

① 王启迪. 艺术理论与艺术实践的关系探析 [J]. 中国文艺家，2020（06）：200-201.

态的艺术出现了，理论才对其进行分析，这样就给人一种感觉，即理论的更新速度远不及实践的变化速度。长此以往，理论的作用便慢慢被忽略掉了。对于这种情况，赵毅衡教授进行过总结。他认为，其实这种"理论赶不上实践"的情况在当代文化中普遍存在：文化的各种体裁都在加快速度剧烈变化，旧的样式消失了，新的样式需要新的理解、新的定义、新的命名。只不过艺术样式更新令人眼花缭乱，艺术理论要跟上不得不疲于奔命。艺术的发展似乎是故意挑战理论，理论如果追不上，也无权要求艺术实践停下来等待。[①] 鲍桑葵说得更加直接：理论从来都只是磨磨蹭蹭地跟在实践后面。[②] 取消主义美学也认为文学创作是创造出之前没有的东西，而并不是被一些先有的条条框框制约，有时候文学创作和理论学说完全是两张皮。但对于游戏研究者而言，玩游戏和对游戏进行理论研究却是断然难以分开的。一些游戏研究者各自有着不同的研究方向，他们本身就有比较系统的专业知识，进行游戏研究不仅是他们的个人爱好，同时也是他们日后的研究方向。同时，现在越来越多的研究者从一开始就将游戏研究作为自己的"主业"。可不管是哪种进路，对游戏的体验都构成了其研究感性、经验的基础，没有对游戏的体验，游戏

---

① 赵毅衡．从符号学定义艺术：重返功能主义 [J]．当代文坛，2018（01）：4-16.

② [英]鲍桑葵．美学史 [M]，张今，译．北京：中国人民大学出版社，2018：33.

研究就是徒有其表。游戏研究自然要有范围广度和理论深度，试问哪个研究不是呢？可相比其他研究是在做研究，我更觉得游戏研究不仅是在做研究，也是在做一场游戏——自愿地克服不必要的障碍。对游戏的热情，在游戏中对规则的遵守，有时宁可放慢速度也要搞懂通关的诀窍，这些在游戏当中最基本的体会都将带入到游戏研究中，成为研究源源不断的素材、养料和灵感来源。

这部对电子游戏进行研究的专著是基于笔者近些年对于游戏的体验，方法则源于笔者对于不同领域理论的兴趣，如美学、心理学、伦理学等，同时也运用了不同学者提出的游戏理论。当然，本书对于游戏的研究开始于"审美"，而在更广泛的维度上形成的情感则与我们生活的重大关切密不可分。

三、需要完善的理论支撑

在笔者撰写本书的过程中，也发现了进行游戏研究存在的一些问题。学者张舸提出了一个十分需要关注的问题：把中国游戏看作"初生"，在某种意义上说是遗忘历史的结果。他在文中强调，要警惕在中国游戏研究中不从游戏经验出发，直接对西方理论进行强制移植和嫁接。"如果可以生搬硬套，为何要生成理论？"这直指问题的关键。他指出的对于"思想史"的关注更是振聋发聩。细究起来，这里面主要反映出游戏研究中三个需要重视的问题：

首先是游戏理论与实践的割裂。当人们没有了游戏的体验作为基础，这样的研究很容易成为理论的嫁接，生搬硬套的情况也会越来越多。笔者在书中不止一次提到"游戏是玩出来的"这个观点，说"游戏研究是玩出来的"可能有些夸张，但不可否认的是，游戏研究是建立在"玩游戏"生成的体验基础之上的。对于电子游戏的研究，源头应该可以追溯到对于游戏的研究，而传统的游戏无论是东方还是西方，都可以进行十分久远的追溯，毕达哥拉斯就曾说过：人生好比一场体育比赛，有人像摔跤者那样在搏斗，有人像小贩那样在叫卖，但最好的还是像旁观者的那些人。这段论述不仅呈现出审美主体和旁观态度的相似之处，也开启了游戏参与者与观众心态比对的先河。更多的所谓游戏研究运用的理论即便不那么古老，至少也要引用康德、席勒或者赫伊津哈的游戏理论。这些传统游戏理论中的一些内容的确可以分析当下电子游戏中的现象，但电子游戏和传统游戏的区别；电子游戏玩家和传统意义上的游戏参与者的不同；电子游戏当中存在的多种艺术融合等，这些都让电子游戏的独特性问题凸显了出来。电子游戏自然是有作为"游戏"的一般特征，如娱乐、互动、沉浸等，但它体现出的那些和传统游戏的差异才是应该着重分析的。然而，我们发现在一些游戏研究当中，理论思辨的成分居多，具体游戏的结合偏少，不少研究出现理论先行的情况，这都是需要在游戏研究中注意的方面。

其次，"生搬硬套"的游戏研究还反映出本土游戏研究在原创性方面的不足，以及本土游戏理论话语的缺失。曹顺庆教授早在 1996 年就正式提出了中国文论话语的"失语症"：我们没有一套自己的文论话语，一套自己特有的表达、沟通、解读的学术规则……这种"失语症"，是一种严重的文化病态。[①] 他的论述放到游戏研究当中依然有借鉴价值。这并不代表我们不能用国外话语和外国理论做游戏研究，国外电子游戏的发展一度处于领先状态，我们学习国外游戏的同时吸收国外包括游戏理论在内的诸多理论，这是再正常不过的现象。但作为中国的游戏研究者应该明白：国外的游戏理论和许多理论一样都是扎根于深厚的文化土壤的。当前西方游戏理论在我国越来越多地传播开来，从历史主义的角度来看，西方游戏理论有着比较清晰的发展脉络、哲学基础以及认识方法，从前面提到的古希腊哲人毕达哥拉斯、柏拉图、亚里士多德，到康德、席勒、斯宾塞，到海德格尔、伽达默尔，再到科技时代的游戏研究者赫伊津哈、舒兹、克劳福德、尤尔等，游戏理论在大小传统的演进发展中仍存在着继承与创新。我国游戏研究则在一定程度上出现了"断层"。我们也有对传统游戏进行的文化研究和历史考证，但当游戏进入"电子世界"，传统的学术话语和游戏理论似乎难以派上用场，那些与我们的文化语境和审美体验息息相关的话语体系，如传统美学中的意境、形神、风骨等很少介入电子游戏的分析中，这就需要游戏研究者在传统继承与现代创新方面下功夫。

---

① 曹顺庆. 文论失语症与文化病态 [J]. 文艺争鸣，1996（02）：50-58.

除此之外，我们的电子游戏研究对存在问题的关注依然不够。首先是对游戏本身作为一种娱乐方式的遮蔽。按理来说，游戏的娱乐与存在似乎是游戏形态的两种极端，可问题并没有这么简单。阳火就在文章中非常敏锐地指出，中国的游戏总会披上"教育、学习"的外衣，让游戏娱乐"貌似"合法化、合理化。之所以用"貌似"并且加了引号，是因为电子游戏和其他活动一样都是一种娱乐方式，它最初的目的就是要愉悦身心，不需要用什么东西去粉饰、遮掩它。进一步来说，游戏研究中的许多认识似乎也在对基本认识的"半推半就"下被遮蔽了起来。本书之所以将"审美"和"生活"定位为游戏美学研究中的重要概念范畴，一方面是为了说明电子游戏的情感指向，另一方面也进一步推进到电子游戏的存在指向，电子游戏的意义和生命之存在的关系不是简单的"被玩—玩"的关系，而是相对复杂的"激发—感受"的关系。

"游戏"本身就是一个跨文明的现象，古今中外的许多文明当中都有游戏成分。在科技迅猛发展的今天，电子游戏促进了文明之间的交流与碰撞。这需要游戏研究者在研究之初就要抱有一种跨异质文明的比较视野。曹顺庆教授指出，送去主义、可否通约与"失语症"问题是比较文学跨文明研究的三个前沿问题，或者说三条进路。这三个方向不仅给中国游戏研究者启发，其中秉承的比较意识和比较视野也为解决前面提到的三个方面的问题提供了一些思路：

首先是通过电子游戏进行文化传播。作为融合了科技和艺术的新兴文娱样式，电子游戏本身具有非常丰富的文化意涵。电子游戏当中不仅有着规则、互动等形式上的共性，其中亦有对未来的想象，对自我的考量，以及对美的追求，毋庸置疑这些共性可以让电子游戏有着共同的爱好者，这是电子游戏可以在不同文明之间进行传播的前提。进一步来说，游戏是载体，文化是内核，承载中华传统文化的游戏能否真正走出国门，影响世界？《"悟空"何以神话》一节中已经谈到了游戏要从"精神文化、制度与文艺成果、物质与日常生活文化三个层面"进行完善，并指出游戏对文本的深入挖掘以及对传统文化精神的深刻领悟，这个要求其实不仅是对于游戏研发者来说的，也是对于游戏研究者的要求。

其次涉及中外游戏的对比。这种对比表面上看是游戏内容、风格、制作方式等"技"与"器"的对比，实际上涉及到文化背景、风俗习惯等"术"与"道"层面的观念对比。我们需要承认中外游戏在起步时受到科技水平和研发手段的制约，但对这个问题要抱有历史主义的认识，即便那个时候我们也出现了《仙剑奇侠传》《逆水寒》等反映中华传统文化观念以及美学意味的作品。现阶段技术的壁垒很多已经不存在，我们要做出怎样的游戏才能引起世界的关注，这就要求我们不得不抱着比较视野去进行游戏研究。要重新认识"人同此心，心同此理"，以及"美美与共"的意义，同时看到不同文明、不同民族的差异，把握其中的可通约性与不可通约性，在挖掘文明本体价值的同时兼顾其他文明的接纳心理。

最后"失语症"问题涉及的是学术话语和话语规则。这个问题前面已经提到，这里再深入谈谈。有学者将国外电子游戏研究的进路分为三个维度：文学理论对游戏的审美探讨；与叙述学论争，创立游戏学；从艺术哲学视角讨论游戏的艺术性。[①] 后来的游戏研究虽然有所发展，但基本框架仍然遵循着这三个维度。上述维度可以延伸出两个问题。首先，无论是文学理论、叙述学还是艺术哲学，西方理论自身的影响非常大，在充实研究内容，拓宽研究方法的同时也在一定程度上对中国传统文艺理论构成了挑战，而这些理论的研究对象绝大多数是外国的电子游戏，它们所扎根的土壤是外国文化。于是旧问题有了新表现：一方面我们自己的学术话语在国际层面存在"失语"，不时出现"以西释中"的情况，如在游戏批评当中，用结构主义分析《侠客行》的文本，用现象学理论探究国风游戏《一梦江湖》的美学特征，等等。这些批评方式和理论建构对于游戏研究而言有相当一部分是十分有益的，但也存在不少问题，一些对我国游戏分析时所使用的西方理论是完全和我们的民族文化和审美体验没有关系而强加上去的。但另一方面，我国自主研发的电子游戏也没有产生规模性的影响，便只能以外国游戏为模板来进行研究。这就导致我国电子游戏与游戏研究总是处于"失语"状态：用领

---

① 吴玲玲. 从文学理论到游戏学、艺术哲学——欧美国家电子游戏审美研究历程综述 [J]. 贵州社会科学，2007（08）：87-92.

会并不透彻的外国理论分析扎根于国外文化的外国作品；稍好一些的情况是，用外国理论分析国产电子游戏。这种情况可以概括为"国外电子游戏发展—国外学者用理论分析电子游戏—理论成果更好地指导游戏实践"的良性循环，以及"国外电子游戏发展—游戏传入我国—缺少立足本土的学术话语理论—只得用国外理论研究国内外游戏作品—理论成果无法完全指导中国游戏实践"的恶性循环。

那么，前面提到的三个维度与"失语"问题完全可以给中国本土游戏研究一些有益启发。我们在理论和分析层面需要学习西方的、国外的文艺理论与研究方法，以及在游戏研究过程中形成的游戏理论，在实践和技术层面要学习国外游戏开发制作中的精华成分，而对于游戏研究而言，我们同样需要认识到作为文艺作品的电子游戏仍然有着担负着向世界传播中国声音的艰巨任务，这就让建立有中国特色、中国风格、中国气派的本土游戏研究的理论话语变得十分必要。作为研究者，我们可以从中国传统哲学、文论诗学、古典美学当中汲取理论资源，本书中的部分章节就有对这种理论建构的尝试，但笔者深知，这些粗浅的尝试还远远不够。当前，我国的游戏研究已经初具规模，许多学者并非对国外理论亦步亦趋，而是有着强烈的现实意识，他们渴望解决现阶段中国游戏中遇到的问题，有些试图挖掘传统文化中的精华，用以指导本土游戏的研发、创作和传播。笔者希望加入这个越来越壮大的队伍当中，为中国游戏研究尽一份力，也为构建有中国特色的游戏理论话语尽一份力。

对于游戏美学及相关问题的研究，拙著搁笔至此，在本书最后，笔者仍有一些想说的话，或者说致谢的话。首先要感谢的是我的师友们，没有他们的鼓励和支持，笔者不可能完成这本"小书"的写作。非常感谢老友姜宇辉教授抽出时间为本书作序，他的游戏研究成果长期以来都让我深受启发；感谢苏州大学副教授邓剑老师为本书部分章节提出的宝贵意见；这里要对他们的辛苦付出表示由衷感谢。

还要感谢的是澎湃新闻的"游戏论"专题，通过这一平台我结识了许多志同道合的好友，他们和我一样有着对游戏的爱好，也凭借着自己的专业知识进行着类型多样的游戏研究，从他们的研究成果当中，我收获良多。另外要说明的是，本书部分小节的原文最早就发布于该专题，完成书稿的过程中，笔者对这些文章进行了增删处理。

最后要感谢的仍旧是我的家人。爱人赵君对我生活上的照料，对我学业一如既往的支持和理解，让我可以有充足的时间和精力进行学术研究。女儿多多属于网络"原住民"的一代，在我撰写这本书的时间里，她不仅通过学习软件中的小游戏掌握了许多汉字和成语，还逐渐对《蛋仔派对》等游戏表现出了浓厚兴趣，在给我带来开心和轻松之余，电子游戏伴随她成长的过程也将越来越多的灵感、反思和体会带入了我对游戏的研究当中。

"路漫漫其修远兮"，每当说出这句话，特别是当研究者说出这句话的时候，身后背负着的常常是让人叹为观止的、充满历史感的学术传统和话语规则。电子游戏从诞生、发展到壮大，至今也不过数十年的时间，作为新兴艺术样态自然是年轻的，它的出现离不开互联网和电子计算机的发展，但在它当中我们却可以看到众多具有悠久历史的艺术样态的融入。正是由于这种张力的存在，人们一方面对游戏研究的前景充满期待，另一方面也意识到其中蕴含的经典要素又可以让研究者从中汲取灵感和养分，丰富并充实自己的研究。同时，这句话也是写给我自己的，这种感觉说大一点，可能也是源于对学科发展史以及学科研究对象发展历史的思考。

就我的专业来说，"美学"从鲍姆加登正式使用至今虽不长，也已经有近三个世纪的历史，如果按照塔塔尔凯维奇来说，作为重要观念范畴的"美"则有着更加久远的历史，这使我不得不想到我们所掌握的知识很多都是前人认识、积累和阐释的成果，当人们使用那些有着悠久历史的学术话语去阐发游戏研究这一"年轻"的领域时，后者便会在这一系列"提携"之下得以迅速成长。尽管当下学界仍然对游戏研究存在一些疑问，但作为研究者，笔者相信游戏研究的未来应当是光明的。而这种信念在一定意义上讲来自另一种历史感，即在游戏发展和研究历史当中切实存在着的历史感，毋宁说是一种现实感，一种我在这段并不长久的历史中参与着的现实感：比起其他学科那些无比巨大的时间分母，电子游戏和游戏研究的分母竟是如此之小，而作为分子的我们最终所获得的现实感可以说是巨大的。这种感受让我们在体验游戏的过程中没有忘记对生活的观照，让我们能够在既有理论的基础上探索着也许是前所未有的游戏理论的新内容，让我们在进行游戏批评的同时感觉到自己正在做的事情是有意义、有新意的——它们反过来又增添了生活的美好。也正因如此，我们总想试图改变什么。至少，我们在尽可能地改变着什么。

这一切的起点，就是游戏。

王齐飞

2024 年 2 月 26 日于山西太原家中